같은 베트남
다른 베트남

베트남적 현상을 역사·문화적 맥락에서 분석한

베트남 입문서

윤한열

세우미

추천사

쩐 응옥 템(Trần Ngọc Thêm)

호찌민국가인문사회과학대학교 문화학부 설립자 및 초대 학부장, 저술가

국립상트페테르 부르크 어문학 과학 박사

윤한열의 책은 베트남에 와서 베트남에 대한 무거운 마음을 갖고 베트남에 대한 고민과 생각, 괴로움, 삶의 경험을 가진 한국인의 인식 과정의 결과물이다. 이 책은 베트남을 사랑하는 모든 한국인이 알아야 할 많은 질문과 한국을 사랑하는 모든 베트남인이 읽어야 할 많은 질문에 대한 답을 제공하는 감성과 지혜의 만남의 장소이다.

레 후이 코아(Lê Huy Khoa)

베트남 축구 국가대표팀 박항서 감독 전문 통역사, 가나다 어학원 원장

네이버 한-베 사전 최초 저자

저자는 24년째 베트남 사람과 함께 호흡하고, 베트남 대학에서 연구하며 가르쳐 왔다. 이 책은 베트남의 역사, 사람, 문화, 통일에 관한 이야기를 한국과 비교하며 서술했다. 저자는 베트남에 대한 다양하고 흥미로운 물음을 가지고 그 답을 찾아가고 있다. 지금까지 한국인으로서 이런 관점의 책은 없었다. 한국인의 시각에서 현상에 접근하지만 동시에 베트남을 사랑하는 마음을 읽을 수 있다. 외국인 특히 서양인의 시각도 함께 소개하고 있다. 이 책은 베트남을 통합적으로 이해하는 좋은 입문이 될 것이고, 동시에 베트남을 더 공부하고 싶은 마음이 일어나도록 할 것이다. 베트남에 관심 있는 분들은 꼭 한 번 읽어 보기를 권해주고 싶다. 베트남을 정확하게 이해하는 데 도움이 되는 책이다.

응우옌 티 히엔(Nguyễn Thị Hiền)

반랑대학교 한국어문화학부 학부장, 서울대학교 문학박사

한국인의 만화경으로 본 베트남

저자 윤한열은 베트남 대학교에서 다년간 한국학 교육에 기여해 왔습니다. 윤 선생님은 호찌민시에서 베트남 대학생들에게 한국 역사와 문화를 가르치며 동시에 베트남 역사와 문화에 대해서도 심도 있는 연구를 병행해 왔습니다. 그는 호찌민시의 "진정한 시민"이라고 말할 수 있습니다.

이 땅에 대한 20년 이상의 끈끈한 사랑이 책의 모든 단어에 표현되어 있습니다. 역사로부터 경제, 사회, 문화, 문학 및 언어, 기원에서 현재에 이르기까지 베트남과 베트남 사람에 대한 저자의 깊고 다차원적인 이해는 읽는 이로 하여금 놀라움과 감탄을 금치 못하게 합니다. 베트남에 관한 이야기를 저자는 간결한 문장으로, 맥락 있게 이해하기 쉬운 문체로 풀어

내면서도 이 땅을 사랑하는 외국인의 정서를 많이 담고 있습니다. 베트남은 저자의 펜의 만화경 아래에서 낯설지만 솔직하고, 친근하지만 독특하고, 심오하지만 위트있는 이야기가 다채롭게 펼쳐집니다.

베트남에 대해 아직 탐구하지 않았거나 이미 탐구한 사람, 탐구 중이거나 탐구할 사람은 이 책에서 매우 베트남적인 베트남을 발견할 것입니다. 그리고 분명 책을 덮을 때쯤 윤 선생님이 그러셨던 것처럼 베트남을 머릿속에서 계속 생각하고 있을 것입니다.

프롤로그

베트남적 현상을 역사·문화적 맥락에서 분석하고 해석합니다.

1993년에 노벨 문학상을 받은 토니 모리슨(Toni Morrison)이 다음과 같은 말을 했다. "정말 읽고 싶은 책이 있는데 아직 쓰이지 않았다면 그건 직접 쓰라는 신의 계시다." 이 말은 나를 자극하는 촉매제가 되었다. 내 몸의 모든 에너지가 꿈틀대는 것 같았다.

베트남이 우리의 일상에 다가왔다. 우리의 필요한 이웃이 되었다. 우리는 여러 방면에서 베트남과 접촉하며 다양한 베트남적 현상을 경험하고 있다. 나는 이 시대에 나타나는 베트남적 현상의 연원은 무엇인지, 역사·문화적 맥락에서 분석한 베트남 입문서가 필요하다고 생각했다. 생생한 삶의 현장에서 베트남 사람들과 함께 호흡하며 경험한 베트남적 현상의 연원을 탐구하고 싶었다. 삶의 현장의 의문을 문헌에서 찾아보고 다시 삶의 현장으로 돌아가 반추해 본다. 이 책은 삶의 현장과 문헌의 만남이며, 수필과 학술의 만남이고, 현상과 연원의 만남이다.

베트남을 제대로 알고 싶어 관찰했는데, 이 관찰은 나를 성찰로 인도했다. 이 성찰은 베트남적 가치에 대한 발견과 동시에 우리의 잘못된 우월감과 편견에 대한 깨달음이다. 진정한 성찰은 통찰의 시선을 갖게 한다. 정확한 관찰과 성찰은 가슴에 울림이 있는 높은 시선의 통찰로 인도할 것이다. 통찰은 베트남 구석구석 탐구를 통한 타자에 대한 이해와 배려의 시선이다. 이러한 통찰은 더 나은 관계를 만들어 가는 힘이다. 따라서 냉철과 공감은 이 책을 써 내려가는 두 날개이다. 냉철하게 분석하지만 공감하고 싶은 베트남이다.

저항성과 독립성은 베트남 역사 현상, 다양성과 통합성은 베트남 문화 현상, 모호성과 현실성은 베트남 민족 현상의 키워드이다. 이러한 현상을 삶의 현장에서 인식하고 문헌에서 확인했다. 특별히 모호성과 현실성은 다양한 베트남 사람과 접촉하며 직관적, 감각적으로 체험하고 문헌을 통해 확증한 것이다. 베트남을 탐구할수록 근거 없는 문화적 우월의식을 벗어 던지게 되었고, 겸손하게 베트남적 가치를 존중하게 되었다.

한글로 출판된 베트남 관련 책은 세 종류로 분류해 볼 수 있다. 첫째는 베트남어 학습과 여행 그리고 투자 정보에 관한 책이다. 둘째는 주재원, 특파원과 외교관 출신이 쓴 베트남에 대한 수필, 견문록과 보고서 형식의 책이다. 셋째는 연구자와 학자가 쓴 학술적 내용의 책이다. 주재원이나 특파원, 외교관 출신이 쓴 글은 생활 속에서 경험한 수필과 견문록으로 저자가 경험한 베트남적 현상을 흥미롭게 썼지만, 그 연원을 밝히는 데는 한계가 있어 보였다. 연구자와 학자들이 쓴 책은 대부분 보고서와 강의안 그리고 학술지에 발표했던 논문을 책으로 출판했다. 지엽적이고 학술적이어서 그 분야의 연구를 위한 목적이 아니라면 읽기가 쉽지 않아 보였다. 이 책은 통합적, 입체적으로 베트남적 현상과 연원을 이해하며 쉽게 읽을 수 있는 책이다.

2022년 12월 22일은 한국과 베트남이 정식 외교관계를 수립한 지 30주년이 되는 날이다. 30년이라는 시간에 비해 상호 교류의 성과는 눈부실 정도이다. 서로에게 필요한 존재가 되었다. 베트남 외국인투자국 통계에 따르면 약 3,500여 개의 한국 기업체가 진출했으며, 한국은 베트남의 최대투자국이다. 삼성이 베트남 GDP의 약 25%를 차지한다. 베트남은 한국의 공적개발원조(ODA) 주 대상국이다. 한국 남성과 결혼한 순수 외국 국적자도 베트남 여성이 1위이다. 베트남은 한국인이 가장 많이 찾는 주요 여행지 중 하나이다. 베트남 교육과정에 한국어가 제1외국어로 채택되었고, 영어 다음으로 수요가 많다. 2014년도부터 한국 대학 수학능력시험 제2외국어 부분에 베트남어가 추가되었다.

이러한 시대에 역사·문화적 맥락에서 베트남을 읽고 사유하는 근원적 통찰은 우리가 베트남 관련 일을 도모할 때 적절하게 반응하는 법을 터득하게 할 것이다. 또한 공존의 법칙을 배워 일방적이지 않고 상호 작용하게 하여 긍정적 효과를 지속하여 도출하도록 안내할 것이다.

차례

Vietnam
제1부 베트남, 어떤 나라인가?

Contents

Vietnamese
제2부 베트남 사람, 왜 그렇게 행동하는가?

United Vietnam

제4부 통일 베트남

Vietnam

제1부 베트남, 어떤 나라인가?

1.
한국인의 베트남 인식

월남치마

베트남 전쟁 파병 기간(1964~1973)에 한국의 중년 여성들 사이에
'월남치마'란 의상이 유행했었다. 통이 넓고 길이가 발목 부근까지 내
려오는 긴 치마였다. 허리엔 고무줄을 넣어 매우 편한 치마였다고 한
다. 당시에 이 월남치마는 아줌마의 대명사로 불릴 만큼 대중적이었
다고 한다. 지금도 중년 여성들이 더러 입을 정도로 긴 생명력을 가진
이 치마에 왜 '월남'이란 관형어를 붙였을까?

베트남에서는 그 연원을 찾을 수 없었다. 베트남에는 월남치마가

없다. 베트남 여성의 전통의상인 '아오자이'는 몸에 딱 붙는 원피스 형식의 긴 블라우스와 통이 넓은 긴 바지로 구성된 한 벌 옷이다. 한국에서 일컫는 통이 넓고, 길이가 길며 허리엔 고무줄이 있는 그런 치마는 입지 않았다. 전쟁 이후, 지금까지 베트남 여성들은 치마나 바지를 입을 때에 몸에 꼭 맞게 입지 통이 큰 스타일은 잘 입지 않았다고 한다.

도대체 이 월남치마는 어디서 온 것일까? 그 연원을 찾던 중 그리스·로마 신화로 한국 사회에 신화 붐을 일으켰던 소설가이자 번역가이며 신화학자인 이윤기 교수의 작품에서 그 연원을 찾을 수 있었다. 이윤기 교수는 1971년 3월부터 백마부대에서 복무한 월남 참전 용사였다. 그는 1977년 중앙일보 신춘문예에 『하얀 헬리콥터』로 문단에 데뷔했는데 이는 베트남전을 다룬 작품이었다. 그의 또 다른 작품인 『노래의 날개』에 실린 단편 「삼각함수」에 '월남치마'에 대한 이야기가 있다. 저자는 월남치마를 "그저 감을 원통꼴로 잇고 위에 단을 접어 고무줄만 넣은 무신경한 치마, 한마디로 아무렇게나 만든 통치마"로 묘사하고 있다.

베트남 전쟁 당시 한국에서는 '월남'이라는 관형어가 유행했었다고 한다. 월남치마 외에 월남이란 관형어가 붙어 유행했던 단어는 월남붕어, 월남 화장실, 월남뽕 등이었다. 그런데 월남으로 시작하는 이 말들은 모두 월남과는 전혀 인연이 없다고 저자는 말했다. 그러면서 저자는 다음과 같이 성찰했다.

"베트남전 당시 한국인들은 월남에 대한 구체적인 어떤 정보도 없이, 막연하게 희화적이고 부정적인 것에는 월남이라는 관형어를 달았다. 월남인에게 이렇게 깊은 상처를 입힐 권리가 한국인에게 과연 있는 것인가?"[1]

그러고 보니 '월남치마'는 베트남 전쟁 시기에 우리가 베트남에 대해 가진 우월감과 편견을 반영한 '부정적 문화 현상'이었다.

부정적 인식

한국에서 태어나 교육을 받고 살아온 한국인에게 형성된 베트남에 대한 부정적 인식의 틀이 존재함을 알게 되었다. 한국 땅에서 간접적으로 경험한 베트남에 대한 인식과 베트남 땅에서 직접 경험한 베트남 인식 사이에 큰 간격이 생겼다. 한국인만 가지는 베트남에 대한 부정적 인식이 있었다. 왜 이런 인식이 형성되었을까? 베트남에 대한 한국인의 인식 틀을 분석하기 위해 베트남을 방문하는 한국인들에게 질문하기 시작했다.

베트남 땅에서 짧지 않은 시간을 보내며 대학교에서 연구하며 강의하다 보니 베트남을 방문하는 한국인으로부터 베트남에 대한 강의 의뢰를 적지 않게 받는다. 대학생 자원봉사팀, 의료봉사팀, 기업체 연수팀, 국제학술대회 교수팀, 석,박사과정 연구생팀, 국가기관 연수팀, 통일 관련 단체, 일반 관광팀 등 다양하다. 강의를 시작할 때마다 항상 하는 질문이 있다. "베트남 하면 제일 먼저 무엇이 떠오릅니까? 어떤 단어가 연상됩니까? 연상(聯想) 단어를 말씀해 주세요." 10년 동안 질문했다.

베트남을 방문한 다양한 지역과 계층의 한국인이 가장 많이 답변한 단어는 '베트남 전쟁'이었다. 우리 한국인에게 베트남 하면 가장 먼저 떠오르는 이미지는 '베트남 전쟁'이었던 것이다. 베트남 전쟁은 20세기 3대 전쟁 중에 하나고, 인류 역사상 가장 많은 돈과 무기를 투입한 전쟁이었다. 특별히 베트남 전쟁은 고엽제라는 화학무기를 대량으로 살포한 전쟁이었다. 무엇보다도 '월남특수'로 일컬어지는 한국의 경제 발전사에 빼놓을 수 없는 사건이었다.

이어 두 번째 단어는 '베트콩'이다. 베트남 전쟁의 주역이다. 한국인에게 '베트콩'에 담긴 이미지는 어떤 것일까?

세 번째 단어는 '공산주의'이다. 한국인은 베트남 전쟁 후 우리가 지원했던 남베트남이 공산화되었다고 인식하고 있다.

네 번째 단어는 '가난'이다. 베트남 전쟁이 종료되고 베트남은 사회주의 계획경제를 전면적으로 시행하면서 남베트남까지 하향 평준화되어 매우 가난해졌다.

다섯 번째는 호찌민이다. 호찌민은 독립운동가, 민족주의자, 통일운동가보다는 공산주의자로 한국인에게 알려져 있다.

그다음으로 이어지는 단어는 라이 따이한, 베트남 신부, 쌀국수, 시클로, 아오자이 등이 있다.

베트남에 대한 한국인의 인식을 조사한 상위권을 차지하는 단어들이 매우 부정적이다. 단어들이 부정적일 뿐만 아니라 그 단어들에 내포된 의미도 매우 부정적이다. 베트남 신부도 긍정적인 단어가 아니다. 어린 나이에 먹고 살기 위해 나이 차이가 많은 중년의 한국 남성에게 시집온 부정적 이미지가 강하다. 베트남에 대한 한국인의 인식에 왜 이런 부정적인 단어들이 새겨져 있을까? 이런 질문을 통해 베트남에 대한 한국인의 인식이 부정적 경향이 강하다는 근거를 확인할 수 있었다.

매 학기 첫 수업 시간에 항상 하는 일이 있다. 베트남 대학들이 한국 대학과 업무 협정을 통해 3+1의 교환 학생 제도를 많이 활용한다. 한국에서 1년 동안 공부하고 온 학생에게 소감 발표 시간을 제공한다. 지역학인 한국학을 공부하는 다른 학생들에게 학업에 대한 동기를 부여하고 꼭 한국을 경험해 보고자 하는 열망을 갖도록 하기 위한 목적이었다.

학생들이 선생님의 의도를 알기에 대체로 긍정적 이야기를 하는데, 한 학생이 부정적인 이야기를 분명하게 전달했다. 매우 솔직한 마음을 토로하였다. 그 학생은 자기는 다시는 한국에 가지 않겠다고 했다. 외국 학생들은 별도로 다른 건물에서 공부하고 한국 학생들을 자주 접촉할 기회도 없었으며, 한국 학생들을 접촉하려고 다가가면 베트남 사람인 자기를 회피하려는 느낌을 받았다고 했다. 그리고 대부분 동남아시아 학생들에 대해 우월의식을 가지고 있으며 베트남 사람을 차별하는 것으로 느꼈다고 했다. 100명이 수강하는 강의실에서 한 학생이 공개적으로 솔직하게 이야기하는데, 나는 적지 않은 충격을 받았다.

2015년 8월 28일 『중앙일보』에 「한국인, 동남아에 편견 있어 보여」라는 제목의 기사가 실렸었다.

《"한국 사람들은 동남아 국가가 가난하다는 편견 때문에 일종의 우월의식을 갖는 것 같아요." 국립 필리핀대에서 산림학을 전공한 휴버트 데일 리냐(22)는 "한국 문화를 접한 뒤 꼭 한번 한국에서 살아 보고 싶다는 생각이 들었다" 하면서도 한국인의 동남아에 대한 차별적 시선에 대해 불편한 감정을 드러냈다. 그는 한국과 아세안(동남아국가연합) 10개국 지역의 대학생 100여 명이 모인 자리에서 한국에 대해 느끼는 불만을 드러냈다. 한·아세안센터와 아시아산림협력기구(AFoCo·아포코)가 공동 주최한 '한·아세안 청년 네트워크 워크숍' 자리에 서였다.》

베트남에 대한 한국인의 부정적 인식은 베트남 전쟁을 직, 간접적으로 경험한 세대나 전쟁의 영향이 거의 없을 것 같은 현재의 젊은 세대들에게나 동일하게 나타난다. 왜 그런 것일까?

베트남에서 다양한 목적을 가지고 장기로 살아가는 한국인들 그리고 여행객으로 또는 사업차 베트남을 단기 방문하는 한국인들이 가난한 사회주의 국가라는 편견을 갖고 베트남 사람들을 함부로 대하는 경향이 있다.

또 한국인은 베트남을 북한과 동일시하는 반공 의식을 가진다. 베트남의 공산주의는 북한의 공산주의와는 본질적으로 다르다. 베트남에 대한 한국인의 부정적 인식의 연원은 무엇일까? 뿌리를 알고자 하는 질문은 계속되었다.

식민사관

이러한 뿌리 질문을 계속하는 중에 일본의 육군 지휘관이자 정치가인 쓰지 마사노부(Masanobu Tsuji)가 쓴 『Singapore ; The Japanese Version』이란 책을 접하게 되었다. 이 책은 1941~1942년 기간에 발발한 말레이 전쟁에 대해 일본어로 쓴 책이다. 말라야를 침공하던 일본군에게 필독서로 배부되었는데 이 책이 1961년 『Singapore ; The Japanese Version』이란 제목으로 영국에서 출판되었다. 이 영어 번역본의 306쪽에 다음과 같은 내용이 있다.

"최근 일본에서는 영어를 읽을 줄 모르는 사람은 진학도 할 수가 없으며, 일류 호텔이나 기차나 증기선에서는 영어가 널리 쓰여서, 우리는 아무 생각도 없이 유럽 사람들을 우월하다고 여겼으며, 중국이나 남방 사람들을 경멸하기에 이르렀다. 이 것은 제 얼굴에 침 뱉기다."[2]

1868년 일본의 메이지 유신 이후 메이지 정부는 유럽 모방하기에 열중했다. 그들의 나라를 서양화하고 산업화했다. 유럽인을 우월하다고 여겼고, 중국이나 남방 사람을 경멸하기에 이르렀다는 사실에 주목할 필요가 있다. 여기서 남방은 남아시아를 말한다.

이 책의 저자는 세계 2차 대전 기간에 맹활약한 대령 출신으로서 특히 말레이 전쟁에서는 '작전의 신'으로 불리기까지 했다. 예편 후에는 정치계에 입문하여 참의원을 지냈다. 이 책을 통하여 일본에 만연한 남아시아 경멸 사상을 고발하며 성찰하고 있다.

일본은 남아시아 경멸 사상을 19세기 후반부터 일본 국민과 군인들에게 교육하였고, 한반도를 강점한 기간에는 한국인에게 이식하였다. 일본은 유럽을 모방하며 자신을 유럽과 동일시하였고, 타 아시아국을 침략하여 개화해야 할 미개한 대상으로 인식했다.

최근에는 개선되었겠지만, 실제로 일본에서 아시아인이 제일 경멸을 당하고 서구인과 비교해 차별받는 곳이 비자를 발급받는 출입국관리사무소라고 한다. 아시아인은 범죄자, 퇴폐업소 종사자, 불법 취업

자 취급하여 비자 발급과 연장이 어려운데, 서구인에게는 친절하며 묻지도 않고 비자를 발급해준다고 한다.

1921년 5월에 응우옌 아이 꾸옥(호찌민의 다른 이름)이 프랑스의 『르뷔 코뮈니스트』에 기고한 「공산주의와 아시아」라는 제목의 글에 다음과 같은 내용이 있다.

> "아시아의 모든 나라 가운데 일본만이 유일하게 자본주의적 제국주의라는 전염병에 심각하게 감염되었다. 러일전쟁과 한 일합방에 이어 '극우파' 전쟁에 동조하면서 이 병은 점점 더 염려스러운 것이 되었다. 일본이 치유 불가능한 서구화의 심 연에 빠지는 것을 막기 위해 ……. 불쌍한 한국은 일본 제국주 의자의 손아귀에 놓여있다."[3]

호찌민은 일본의 서구 자본주의적 제국주의 모방 현상을 심각한 전 염병의 감염으로 보았고, 치료 불가능한 서구화의 심연에 빠졌다고 평가하고 있다. 동시에 일본의 유럽 우월의식과 중국과 남방 경멸 사 상을 미리 내다 본 것이다. 그리고 아시아에서 베트남은 프랑스의 식 민지로, 한국은 일본의 식민지로 전락한 현실을 애통해하며 연민의 정을 표현하고 있다.

20세기에 형성된 베트남에 대한 한국인의 부정적 인식의 연원은 식민사관이라고 할 수 있다. 식민사관(植民史觀)이란 일본이 제국주의의 기치 아래 한국 침략과 식민 지배의 정당성과 학문적 기반을 확립하기 위해 조작한 역사관이다. 일제 강점기 이전 한국과 베트남 관계사를 살펴보면 베트남에 대한 한국인의 부정적 인식을 찾아볼 수가 없다. 일제가 한국인에게 심어준 식민사관의 핵심 세 가지는 분열(붕당)과 사대((事大) 그리고 남아시아 경멸 사상인데 일제 강점기에 한국인에게 남아시아 경멸 현상이 이식되었다.

한양대학교 문화인류학과 명예교수인 김병모 교수는 고려사이버대학교 강의 '한국인의 형성과정과 다문화 시대의 정책'에서 한국인의 남아시아 경멸 사상은 일제 강점기에 형성된 것이라고 주장했다. 따라서 한국인의 남아시아에 대한 문화적 우월의식과 차별 현상은 식민사관의 하나인 '남아시아 경멸 사상'에 기인한 것이라고 분석된다.

미국적 인식

식민사관으로 인해 의식 속에 잠재되었던 남아시아 경멸 사상이 베트남과 접촉하면서 표면적으로 나타났다. 해방 이후 한국 사회 전체가 전면적으로 처음 접촉한 남아시아의 나라는 베트남이었다. 베트남은 1964년부터 10년간 미국과 전면적 전쟁을 치렀다. 본질적으로는 남베트남과 북베트남의 전쟁인데, 실제는 북베트남과 미국과의 전쟁이 되었다.

표면적으로는 미국의 요청으로 미국을 지원하기 위해 한국의 전투 부대가 참전했다. 한국과 베트남은 1225년 고려시대 때부터 인적, 물적 교류가 시작되었는데, 역사 속에서 대규모의 직접적인 인적 접촉이 있었던 것은 베트남 전쟁을 통해서였다. 10년 동안 한국 사회의 최대 이슈는 베트남 전쟁이었다. 불행하게도 한국의 젊은이들이 미국의 주도하에 전개되는 베트남 전쟁에 총부리로 베트남과 조우했다. 당연히 미국적 인식으로 베트남과 접촉했다. 분단국가로서 반공사상에 철저했던 한국은 베트남을 북한과 동일한 적성 국가로 인식하고 베트남 전쟁에 참여했다. 베트남을 적으로 인식했으며, 때려잡아야 할 공산당 빨갱이로 인식했다.

남의 나라 전쟁에 연인원 32만 명을 파병했다. 파병 첫해인 1964년에 한국 인구가 2천 7백만 정도였고 베트남 전쟁에서 철수했던 1973년에는 3천 4백만 정도였으니 적지 않은 수가 베트남 전쟁에 다녀왔다.

베트남 전쟁에 참전했던 군인들의 인식은 가족들에게도 전파되어 전 국민적 인식으로 공감대를 형성해 갔다. 베트남 전쟁을 통하여 전 국민적으로 공유하게 된 베트남에 대한 부정적인 미국적 표상 체계는 종전 이후에도 베트남과의 관계에서 의식, 무의식중에 작동한다는 측면에서 매우 중요하다.

베트남 전쟁 전후, 한국인의 베트남에 대한 인식은 주로 미국의 베트남 인식을 통해 형성되었다. 종전 이후 약 20년 동안 미국 영화 산업의 중심지인 할리우드는 지속해서 베트남 전쟁 영화를 제작하여 미국적 인식을 확산해 왔고 한국에 이식하였다.

1990년대 초반까지 약 50여 편의 베트남 전쟁 영화가 한국에 소개되었다. 80년대 한국의 청소년은 베트남 전쟁 영화를 즐기며 베트남에 대한 인식을 형성해 왔는데, 대표적인 영화가 람보 시리즈다. 전쟁의 슬픔과 전쟁 외상 후 스트레스 장애(PTSD)를 다루기도 했지만 빠지지 않는 간접적인 메시지는 강인한 세계 패권국 미국과 특별히 왜소하면서도 잔인한 베트콩에 대한 인식을 심어주었다. "전쟁의 슬픔과 함께 베트콩은 잔인했고 미국은 용감했다"라는 인식이 형성되었다. 이러한 인식은 한국인의 직접적인 인식이라기보다는 미국을 통해 전해진 인식이다. 미국을 열광하던 시대에 미국과 동일하게 베트남을 적으로 인식하는 한국인의 베트남 인식은 매우 자연스러운 것이었다.

가해자 인식

한국인이 베트남에 대한 부정적 인식을 형성하게 된 연원이 일제의 식민사관과 베트남 전쟁을 전후한 미국적 인식이라고 서술했다. 이 두 가지가 외부적 요소라면 가해자 인식은 내부적 요소라고 할 수 있다.

한국은 베트남 전쟁의 피해자인가? 가해자인가? 아니면 피해자이자 가해자인가? 가해자 인식에는 두 가지 관점이 있다. 첫째는 성찰적 관점의 가해자 인식이고, 둘째는 자기방어적인 관점의 가해자 인식이다. 어떤 관점을 갖느냐에 따라 베트남에 대한 인식이 완전히 달라진다.

외교적 문제와 인권의 문제 그리고 당시의 복잡한 국제 관계를 고려하면 이 질문에 답하기가 쉽지는 않다. 그러나 베트남 전쟁에 깊이 관여한 프랑스, 미국, 한국의 의식 있는 정치가와 학자들이 쓴 책들을 보면 성찰적 관점의 가해자 시선을 유지한다. 자기방어적인 관점의 가해자 인식은 역사적 사실 관계를 객관적으로 보지 못하고 편향성을 갖게 된다.

베트남 전쟁에 관련된 국방부와 통일부 그리고 외교부 등의 한국 정부 기관의 홈페이지나 교과서를 보면 자기방어적인 관점의 가해자 인식을 견지하고 있다. 베트남 전쟁에 대한 자기방어적인 관점의 가해자 인식은 베트남 전쟁을 북베트남 공산 세력의 무력 침공으로 통일이 아닌 사이공 패망이라는 관점을 유지하고 있다. 그래서 한국이 참전한 이 전쟁을 '자유 수호'라는 관점으로 모든 것을 합리화하고 정당화하는 오류에 빠지게 한다. 반공정신에 투철한 한국인에게 이 관점은 베트남을 북한과 동일시하는 오류를 범하게 했고, 문화적 우월감을 가지며 차별하게 했다.

베트남 전쟁의 결과를 놓고 그 성격을 논할 때 '남북 베트남의 통일인가? 사이공 패망인가?'의 관점은 베트남 인식에서 매우 중요한 관점이다.

> "한국은 적군으로서 베트남 전쟁에 참전하였는데 베트남 사람
> 은 한국에 대한 적대적 감정이 없는지요?"

　베트남을 방문하는 한국인이 자주 하는 질문이다. 이 질문에 대한 의미 있는 베트남 사람의 답변을 듣고자 호찌민시 중심가의 전쟁범죄 고발전시관(전쟁박물관)을 찾았다. 외국인이 호찌민시를 방문하면 꼭 탐방하는 곳이 전쟁범죄 고발전시관이다. 나는 이 전쟁범죄 고발전시관 직원이 베트남 전쟁에 대한 전문적 식견을 가졌을 것이라고 예상하고 "베트남 전쟁 당시 참전한 한국군에 대해 어떻게 생각하느냐?"라고 물었다. 직원은 다음과 같이 답변했다.

> "한국군은 미국의 용병이 아니었느냐? 우리에게 어떤 적대적
> 감정이 있어서 침략했다기보다는 미국과의 관계 그리고 한국
> 의 경제 상황 때문에 미국으로부터 돈을 받고 참전한 용병으
> 로 알고 있다."

　한국의 베트남 전쟁 참전에 대한 전쟁범죄 고발전시관 직원의 인식을 알고 나서 깜짝 놀랐다. 한국군이 5만 명의 베트남 사람을 죽였고, 그 수에는 전쟁 상황상 양민들도 많이 포함되어 있었는데. 사실 좀 부

끄러우면서도 한편으론 한국을 그렇게 나쁘게만 생각하지 않는 것 같아 안도의 한숨을 내쉬었다.

베트남 전쟁에 참전할 때까지 대부분 한국인은 베트남이란 존재를 거의 인지하지 못하였다. 국가 주도의 경제개발 시대에 베트남 전쟁에 참전하면서 한국 사회 전체가 베트남과 불행하게 조우했다. 20~21세기에 걸친 베트남을 이해하려면 베트남 전쟁에 대한 통합적 이해 없이는 현재의 베트남을 이해하기 어렵다고 생각하여 나는 베트남을 연구하면서 특별히 베트남 전쟁에 관한 책을 많이 읽었다. 영어, 프랑스어 번역서를 포함해서 한국어로 출판된 베트남 전쟁에 관한 책은 거의 빠짐없이 읽었다. 정기적으로 베트남 전쟁에 대한 신간 서적을 검색한다.

베트남 전쟁은 우연히 일어난 단순한 전쟁이 아니었다. 왜곡된 한국과 미국 현대사의 모순이 집약적으로 표출된 현장이었다. 오염된 사상, 타락한 정치, 월남특수를 통한 경제 활로 모색 등이 엉켜 전적으로 부패한 인간의 죄성이 적나라하게 드러난 장소였다. 당시의 정치적 선전과 조작된 관념을 뚫고 성찰적 관점의 가해자 인식으로 베트남 전쟁을 다시 보는 의식적 작업을 통해서 베트남에 대한 한국인의 인식과 그 속에 나타나는 여러 가지 사실에 대한 올바른 시선을 가질 수 있을 것이다.

2.

역사 속 한국의 베트남 인식

한국은 언제부터 베트남을 인식했을까? 베트남은 언제부터 한국을 인식했을까? 베트남은 한국인에게 어떤 나라인가? 친구(Friend)인가? 적(Enemy)인가? 아니면 친구(Friend)와 적(Enemy)의 합성어인 '프레너미(Frenemy)'인가?

통일신라시대

윤대영 교수는 현재까지 조사한 문헌을 놓고 볼 때, 한반도의 지식인들이나 국가가 베트남에 관해 관심을 갖기 시작한 시기는 대략 9세기 무렵이라고 한다. 그는 통일신라시대의 문장가이자 학자인 최치원이 교지의 사방 경계와 당대의 안남도호부의 연혁을 알리는 과정에서 베트남 북부의 역사, 지리, 문화 등을 개략적으로 소개하기 시작했다고 한다.[4]

고려시대

한국과 베트남은 고려시대부터 서로 동경하며 교류한 역사를 지니고 있다. 베트남의 고전 문서를 보면 한국을 '까오리(Cao Ly)' 즉 고려라고 칭하고 있다. 또한 고려시대에 황해도 웅진현에 베트남 리 왕조(Lý, 李朝)의 마지막 왕자인 이용상(Lý Long Tường, 리 롱 뜨엉, 李龍祥, 1174년 ~ ?) 왕자가 망명해 와서 화산 이씨의 시조가 되었다는 전설과 문헌 사료가 전해오고 있다.

1225년, 베트남의 리 왕조(Lý Triều, 李朝)가 멸망할 때, 리 왕조의 정권을 찬탈한 후대 쩐 왕조(Trần Triều, 陳氏)가 리 왕족 300명을 숙청한 사건이 있었다. 계속해서 리 왕족을 몰살하려는 음모를 알아차린 마지막 왕자인 이용상 왕자가 남아있는 왕족들과 함께 대만과 중국을 거쳐 고려 웅진의 벽란도에 도착했다. 고려에 도착했을 때는 1226년이었다.

이용상 왕자의 고려 이주는 양국의 문헌 사료를 통해 베트남 역사학회와 한국 역사학회에서 공인했다. 이용상 왕자의 이주 사건은 역사에 기록된 한국과 베트남 관계의 시발점이며, 이 최초의 조우를 통해 베트남에 대한 한국인의 인식을 엿볼 수 있다.

고려 고종(1192~1259)은 1226년 베트남 왕자와 그 가문을 열렬히 환영하여 편안하게 정착할 수 있도록 거처할 땅을 주었다. 또한 '화산이씨'라는 호를 수여하여 가문을 이루어 살도록 적극적으로 도왔다. 이후 그와 그의 후손들은 지역 사람들과 함께 생활하며 모두에게 사랑받았다고 한다.

특별히 몽골군이 고려를 침략한 고종 40년, 1253년에 이용상 왕자는 침략자들을 무찌르는 데 큰 공을 세웠다. 고려왕은 이를 높이 평가하여 화산군(Hoa Sơn Quân, 花山君)이라는 칭호를 수여하고, 추가로 30만 평방미터의 땅을 부여하여 인구 20세대의 작은 마을을 만들어 하사했다. 그리고 몽골군의 항복을 받은 사연을 새긴 수항문 기적비를 세워 기념했다. 그 후, 이용상은 지역 사람들을 가르치고 교육하기 위해 학교를 열었고 후학 양성에 중요한 역할을 했다고 전해진다.[5]

베트남은 고려시대에 대월국이라는 국명을 사용하였고, 고려사에 따르면 고려는 베트남을 안남이라고 인식했다. 고려는 남방에서 이주해 온 대규모의 베트남 사람을 폭넓게 수용하였고 능력에 따라 인재를 기용하는 열린 자세를 보여주었다. 이용상과 함께 온 수백 명의 베트남 사람이 타국 땅에서 존재감을 가지고 살아가도록 적극적인 배려를 한 고려에 호의를 느낀 이용상 왕자는 몽골군의 침략 때 고려가 내 조국이라는 마음으로 최선을 다해 싸운 것은 아닐까?

이용상 왕자가 베트남을 떠날 때 그의 최종 목적지는 어디였을까? 그는 고려를 이미 인식하고 왔다고 합리적 추론을 해 본다. 그는 대월 국에서 지금의 해군 참모총장의 지위에 있었다. 당시 아랍 및 세계와 소통하며 무역 통상을 한 고려였기에 이용상은 고려를 충분히 인식하 고 목적지로 삼았을 것이다.

조선시대

조신 실학의 선구자인 이수광은 1597년 북경에 사절로 갔다가 베 트남 사신 풍 칵 코안(Phùng Khắc Khoan, 풍극관, 馮克寬, 1528~1613) 을 만났다. 두 사람은 옥하관(玉河館)에 체류하며 50여 일을 시문으로 교류했다. 한국과 베트남 양국의 관계사를 논할 때 이수광과 풍 칵 코 안의 문답은 빼놓을 수 없는 역사적 가치가 있다. 1634년에 이수광의 시가와 산문을 엮어 간행한 시문집 『지봉집(芝峰集)』에 실린 글을 통해 베트남에 대한 조선의 인식을 엿볼 수 있다.

서울대학교 국어국문학과 박희병 교수는 베트남에 대한 이수광의 글이 "조선 문인과 지식인에게 일종의 베트남 붐을 일으켰다고 해도 좋을 만큼의 커다란 영향을 끼쳤다."라고 했다. 또한 이수광으로 인해

조선 지식인의 베트남에 대한 정서적 우호감과 지식은 새로운 단계로 접어들 수 있었다고 했다.[6]

이수광의 『지봉집』 8권에 실려있는 「안남사신창화록(安南使臣唱和錄)」은 이수광이 1597년(선조 30)에 진위사(進慰使)로 처음 연경(燕京)에 갔을 때 안남 사신 풍 각 코안과의 문답록이다. 당시 베트남의 왕실, 역사, 풍속, 인물, 제도, 기후, 국토 등이 소개되어 있는데, 매우 사실적이며 실증적이다. 특히 안남 사신들과의 문답록은 당시 베트남의 상황과 베트남에 대한 조선인의 인식을 파악하는데 중요한 자료가 된다. 베트남 연구에 대한 이수광의 깊이와 넓이를 파악할 수 있다. 베트남에 대한 어떤 인식을 지니고 있으며 이수광을 통해 조선 사회로 베트남이 어떻게 전달되었는지 추정할 수 있다.

베트남에 대한 이수광의 인식은 '풍요로운 베트남'이란 단어로 함축할 수 있다. 시문에서 이수광이 묘사하는 베트남의 기후는 다음과 같다. "땅의 기운은 봄이 되기 전에 따스하고 매화는 섣달그믐이 채 되기도 전에 곱다." 혹독한 겨울이 없는 땅의 기운과 그 위에 피어나는 고운 매화의 묘사는 현재 구정 설에 볼 수 있는 전형적인 베트남 풍경이다.

이수광은 옥하관에서 50여 일간 다양한 계층의 사람들로 구성된 베트남 사신단과 함께 체류하며 그들에 대한 관찰과 문답을 진행한 후 기록으로 남겼다. 베트남인의 외모와 성격에 대해 기록한 부분에서 다음과 같이 기록했다. "베트남인의 외모는 모두가 눈이 우묵하고 키가 작았다. 혹 원숭이와 닮기도 하였지만, 성격은 따스하고 순하며 꾸밈이 없이 순박하다."라고 했다. 그리고 자기가 만난 베트남인은 모두가 한자를 안다고 언급하고 있다.

특히 눈에 띄는 것은 풍 칵 코안에 대한 개인적인 언급이다. "그는 비록 늙었으나 아직도 상당한 정력이 있어, 항상 독서와 필사를 쉬지 아니하였다."라고 한다. 베트남 노학자에 대한 존중이 담겨있다. 일흔 살이 넘는 나이에 베트남과 북경 사이를 오가며 평소에 독서와 필사를 쉬지 않는 노 사신의 모습을 묘사한 것이다.[7]

풍 칵 코안은 열여섯의 나이에 지은 작품에서 "일을 처리할 때는 중도에 합해야 하고 벼슬이 높아져도 정도를 따라야 한다."라고 세상에 나아가는 자기 마음 자세를 밝혔다. 또한 "인욕(人欲)을 가라앉혀서 천리(天理)를 드러내는 것이 학문의 목표가 되어야지 구구하게 벼슬을 구하기 위한 것은 아니라." 하고, "세상을 구제하고 백성을 편하게 하는 사대부의 책임을 다하고자 한다."라고 했다. 풍 칵 코안은 높은 도덕의식, 백성에 대한 책임감, 진리에 대한 헌신이라는 동아시아 사대부의 이상을 몸소 실현하고자 했던 인물이었다.[8]

이수광 외에도 여러 조선 사신들의 문답록이 전해 온다. 이후 조선 후기 사신들의 자료에서 중국을 통한 베트남에 대한 인식으로 우월감과 경쟁심의 공존 현상이 나타나기도 한다. 이는 베트남을 폄하하고 왜곡하는 중국의 인식이다. 사대와 책봉을 통해 동아시아를 지배했던 중국이 베트남과 조선을 서로 경쟁시킨 중국의 전략이었다. 그러나 조선 사신이 베트남 사신과의 접촉에서 보여준 대체적인 인식은 '우호적'이라는 단어로 압축할 수 있을 것이다. 분명한 것은 부정적 인식보다 긍정적 인식이 대부분이라는 것이다.

이수광의 베트남에 대해 '풍요로움'이라고 묘사한 베트남 인식은 필자와도 일치한다. 베트남은 천연자원이 풍부한 땅이다. 축복받은 땅이다. 이 풍요로운 땅에 사는 사람 또한 여유가 있고 온순하다.

개항 전후

개항을 전후해 조선의 조정에서는 베트남 정세에 많은 관심을 보였던 것으로 여겨진다. 당시 우의정이었던 박규수(1807~1876)는 고종 11년인 1874년 6월 25일 조정 회의에서 프랑스가 안남까지 쳐들어가 하노이성을 함락하고 주요 도시들을 침략했음을 임금께 아뢰었다.

또한 1885년 11월, 고종은 북경에서 돌아온 사신을 접견하는 자리에서 베트남의 정세를 물었다. 당시 조선 조정이 베트남의 정세 변화를 예의주시하고 있었음을 알 수 있다. 1905년, 을사보호조약이 체결된 후 곽종석(1864~1919)이 올린 상소문에는 "이제 폐하께서는 요즘 안남의 국왕처럼 한갓 빈 호칭만 끼고 있게 될 것"이라는 구절이 보인다. 식민지로 전락해가는 조선의 운명을 베트남에 반추해 보는 것이다.[9]

위에서 살펴본 것처럼 개항 전후 조선의 지식층은 절박한 시대 상황과 관련해 베트남의 정세를 주시하였다. 이 시기에 베트남은 조선의 진로와 운명을 예측하는 하나의 시금석 비슷한 것이었다. 베트남이 중요한 정치적 담론이 된 것은 같은 동아시아 국가로서 동병상련의 마음 때문일 것이다.

　베트남 사람들에게 존경받는 독립운동가 판 보이 쩌우(Phan Bội Châu, 潘佩珠, 1867~1940)는 동유운동으로 유명하다. 동유운동은 베트남이 프랑스의 식민지가 된 원인이 국제 정세를 파악하여 미리 대처하지 못한 지도력의 부족으로 판단하고 청년들을 일본에 유학시킨 근대적 개혁 운동이다.

　판 보이 쩌우는 일본에서 중국의 사상가인 량치챠오(梁啓超, 양계초)를 만나서 베트남이 처한 식민 상황을 구술한다. 이 구술을 토대로 량치차오가 편집해서 1905년 상해 광지서국에서 『월남망국사(越南亡國史)』를 발행했는데 이듬해 우리나라의 황성신문에도 소개되고 국한문혼용체로 번역되었다. 이는 베트남의 식민 상황에 대한 동병상련의 마음으로 조선 지식층의 베트남에 대한 지속적 관심의 결과이다.

일제 강점기

　19세기 후반에서 20세기 초에 걸쳐 베트남과 한국은 식민지화가 본격적으로 진행되었다. 같은 동아시아 지역의 유교 국가로 독립운동을 하던 양국의 인사들은 서로에 대한 정보를 듣고 있었다. 특히 20세기 초, 『월남망국사(越南亡國史)』가 한국 사회에 소개되면서 베트남에 대한 한국인들의 관심은 확대되었다. 망국의 한을 공감하고 독립운동의 정신을 고취했다. 『월남망국사』는 프랑스의 월남 침략을 고발하고 아시아에 대한 제국주의 열강의 위협을 비판한 책이다.[10]

언론들도 베트남을 소개하기 시작했다. 동아일보, 조선일보 등의 언론 매체를 선두로 베트남에 대한 글이 연재되었다. 또한 1930년대부터는 베트남 독립운동을 소재로 한 단행본 형태의 서적들도 출현하게 되었다. 이여성의 『세계 약소 민족운동 개관』과 홍무의 『인도차이나 동난 40년사』는 한국인들이 베트남의 민족운동 전개 과정에서 교훈을 얻어 모국의 독립운동에 적용해 보고자 하는 의도에서 작성된 저술들이었다고 평가된다.

이러한 일련의 교섭을 통해 베트남에 대한 한국인의 인식은 서로를 공감하고 지지했다. 한국보다 더 일찍 식민화가 된 베트남을 연구하고 한국보다 더 일찍 시작한 베트남의 독립운동을 배우려는 우호적 자세를 취하였다.

일제 강점기에 베트남에 대한 한국인의 인식을 살펴봄에 있어서 꼭 알아야 할 인물이 베트남 연구가 김영건이다. 김영건의 『인도차이나와 일본의 관계』라는 책은 식민지 시대에 베트남에 관한 연구와 베트남에 대한 한국인의 인식을 파악할 수 있는 좋은 자료다. 이후 김영건은 하노이로 건너가 베트남을 연구하는데, 1936년 7월 1일과 12일 사이에 「안남유기」라는 제목으로 7편의 시리즈 기사를 동아일보에 게재했다. 김영건의 한국 언론을 통해 베트남을 알리므로 한국은 베트남을 인식해 가기 시작했다.

특히, 동아일보의 1936년 7월 3, 5, 7, 9일 자에서는 「안남유기: 안남의 고도」란 제목으로 18세기 말엽까지 수도이자 문화의 중심지였던 하노이의 역사를 주변 지역의 역사와 함께 다루었다. 그리고 10, 11, 12일 자에서는 「안남유기: 고도의 문화」와 「안남유기: 안남의 서울 순화」라는 주제로 중부 다낭을 중심으로 남부로 발전해 갔던 참파(Champa) 왕국의 역사를 소개했다. 그리고 19세기 초부터 응우옌 왕조의 수도였던 후에의 발전 과정을 소개했다.

김영건의 베트남 알리기는 조선일보를 통해서도 진행되었다. 1937년 2월 14일부터 19일까지 모두 다섯 차례에 걸쳐서 안남통신을 게재하여 중국의 염제 신농씨부터 시작되는 베트남의 건국신화에 대해 독자들의 흥미를 끌 수 있도록 재미있게 서술했다. 이러한 베트남 연구와 소개를 통해 김영건이 주장한 반제국주의 연대 의식 필요성을 강조하였고, 1946년 12월 말 조선일보와의 인터뷰를 통하여 '월남'의 인민항쟁을 동병상련의 감정으로 소개하면서 한국의 운명과 흡사한 '월남'의 경우를 예의주시할 것을 요청했다.[11]

식민지 시대에 김영건의 베트남 연구는 한 개인의 학문적 성과로 끝나지 않았고, 언론을 통해 베트남을 소개하므로 한국 사회에 베트남을 인식하도록 역할 했다. 그는 식민지 시대에 베트남을 연구하고 소개한 베트남학의 선구자였을 뿐만 아니라 이후 한국의 베트남 연구에 근거와 기반을 마련하였다.

식민지 시대에 김영건의 베트남 인식은 동병상련에서 출발하여 역사, 문화 연구를 통해 한국 언론에 소개하므로 동질감을 느끼는 유사점을 인식하게 하는 역할도 했다. 더 나아가 베트남과 한국이 동일한 식민지 상황에서 반제국주의의 연대를 강조하여 베트남과 동지임을 인식했다. 한국보다 먼저 조직적으로 독립운동을 시작한 베트남에 대해 배워야 할 존중과 우호적 인식을 지니고 있었다.

3.

이웃들의 베트남 인식

오랜 이웃 중국의 베트남 인식

베트남, 중국, 한국은 같은 동아시아 문화권으로서 공유하는 문화가 많다. 그래서 세 국가를 비교 분석하는 다양한 학술대회가 종종 열린다. 나는 한 학술대회에서 베트남어를 아는 중국인 학자를 만나서 대화를 나눌 기회가 있었다. 나는 세계에서 베트남을 가장 오랫동안 연구하여 파악하는 나라가 중국일 것이라고 운을 떼며 베트남에 대한 중국인의 인식을 물어보았다. 중국인 학자는 다음과 같이 답변했다.

"중국 사람은 베트남 사람을 자주 고양이에 비유한다. 위협적
이지 않으나 매우 다루기가 어려운 민족이라고 생각한다."

　그 이후 나는 고양이의 특성에 관한 자료를 찾아보았다. 찾아본 자
료가 공통으로 언급한 고양이의 특성은 길들이기 어렵다는 것이다.
그래서 주인이 고양이 목에 줄을 매고 산책하는 경우는 없다고 했다.
또 다른 자료는 고양이의 특성을 개와 비교 분석했는데, 개는 밥 주는
사람을 주인으로 알고 따르며 충성하지만, 고양이는 밥 주는 사람을
밥 주는 사람으로만 안다는 것이다. 그리고 개는 주인 옆에서 뒹굴며
재롱을 부리지만 고양이는 주인보다 높은 곳에 앉아서 주인을 내려다
본다. 고양이는 재롱을 잘 부리지 않는다. 그래서 개는 데리고 산책할
수 있지만, 고양이를 데리고 산책하는 것은 거의 불가능하다.

　장제스(蔣介石, 1887~1975)

　미국 역사 학회(AHA)의 공식 역사학 전문 저널인 『미국 역사 리뷰
(AHR)』 80호(1975년 12월 출간)에 미국의 저명한 역사학자 월터 라 페
버(Walter La Feber)의 「루스벨트, 처칠과 인도차이나, 1942~1945」
라는 글이 실렸다. 이 글에서 월터 라 페버는 1943년 11월 카이로 회
담에서 미국의 루스벨트 대통령과 중국의 장제스와의 대화 내용 중
다음 일부를 인용했다.

"대통령은 전쟁 후 장제스가 그 지역을 통제하기를 원하는가
를 물음으로써 인도차이나 문제를 해결하기 위해 움직였다."
(At Cairo the president consequently moved to settle the
Indochina question by asking where Chiang would like
to control the area after war.)[12]

여기서 인도차이나는 베트남을 의미한다. 외교적으로 모호함의 전
략가로 알려진 루스벨트 대통령이 장제스에게 물은 의미는 무엇일
까? 루스벨트는 프랑스로부터 베트남 독립을 지지하지만, 신탁통치의
필요성을 인식하고 있었다. 이 신탁통치를 중국의 장제스에게 해 달
라는 것인지, 아니면 장제스의 의향을 확인해 보는 것인지 모호하다.
그런데 장제스의 답변을 다음과 같이 기록하고 있다.

"장제스는 베트남 사람들은 다루기 어렵다는 점을 언급하
면서 냉정한 태도를 보였다." (The Chinese leader was
apparently cool, noting that the Indochinese peoples
were difficult to handle)[13]

왜 장제스는 이런 반응을 보였을까? 물론 당시 마오쩌둥이 이끄는
공산당과 싸워야 하는 국내 정치적 현안도 부담이었을 것이다. 하지
만 중국은 2천 년가량 베트남의 가까운 이웃으로 지내며, 또 동아시

아 지역의 대국으로서 베트남의 조공과 책봉을 받았지만 쉽지 않은 베트남의 민족성을 표현한 것이 아닐까? "다루기 어렵다."라는 의미는 다루고자 하는 측과 대응하는 측의 관점이 서로 다를 것이다. 장제스의 이 답변은 베트남과의 오랜 역사에서 경험하고 파악하며 축적된 베트남에 대한 중국의 인식일 것이다.

나는 베트남 사람에 관해 "다루기 어렵다."라는 중국인의 인식을 베트남 사람 입장에서 생각해 본다. 이러한 성향은 오랫동안 중국의 침략과 지배를 받으며 자연스럽게 형성된 베트남 사람의 저항적인 민족성이다.

베트남 사람은 정신적 독립의식이 매우 강하다. 베트남 사람에게 물질적 도움을 주었다고 해서 정신적으로 종속시키거나 지배하려고 시도를 했다가는 낭패를 본다. 베트남 사람을 다루거나 지배하려는 시도는 통하지 않는다. 존중하고 신뢰를 얻어야 한다. 즉 그들의 마음을 얻어야 하는데, 베트남 사람과 신뢰 관계를 유지하기 위해서는 오랜 시간이 걸린다. 오랜 시간 존중과 신뢰의 관계를 유지하다 보면 베트남 사람은 더 큰 존중과 신뢰를 표한다.

가느다랗고 긴 베트남 지형처럼 베트남 사람은 약해 보이지만 강인하다. 수없이 짓밟히고 넘어져도 베트남 사람은 오뚝이처럼 다시 일어났다. 중국 입장에서 보면 베트남 민족이 다루기 어려운 민족이 맞을 것이다.

마오쩌둥(毛泽东, 1893~1976)

1949년에 중국이 공산화되었다. 1950년 1월 호찌민은 직접 중국을 방문했다. 마오쩌둥은 중화인민공화국을 대내외에 선포한 후 중국이 세계에서 최초로 정식 외교관계를 맺은 국가가 호찌민이 지도자인 베트남민주공화국이었다.

중국에 공산 정권이 들어서면서 중국은 프랑스와 전쟁 중인 베트남을 적극적으로 지원했다. 군사고문단을 파견하고 베트남 지휘관을 베이징에서 훈련하도록 도왔다. 그리고 많은 장비와 물자를 베트남으로 보냈다. 베트남 외교부 공식 문서에 따르면 프랑스와의 독립전쟁 기간 베트남에 가장 많은 무기와 군수물자를 원조한 국가는 중국이라고 기록했다. 그런데 중국 국가 지도부가 군사고문단을 베트남에 파견할 때 베트남사람들에게 오만한 태도를 보이지 않도록 주의하라는 지시를 내렸다고 한다. 베트남인들의 강한 저항성과 자존심을 고려한 것이다.[14]

그리고 베트남에 원조하면서 명목상으로 무상이 아니라는 것을 밝혔다고 한다. 중국이 베트남의 심기가 불편하지 않도록 하기 위한 외교적 표현이었다. 전쟁이 끝나고 국가가 안정되면 갚아야 하는 것으로 했다. 그런데 전쟁 종료 후 베트남이 갚지 않았던 것으로 추정된다.

덩샤오핑(邓小平, 1904~1997)

1979년 2월 17일, 중국은 국경을 넘어 베트남을 침공했다. 1978년 12월 31일 중국 공산당 정치국 회의에서 덩샤오핑의 제안에 따라 침공을 결정했다고 한다.

중국이 베트남을 침공한 이유는 여러 가지가 있다. 베트남과 중국 간의 영토와 국경 문제, 베트남의 캄보디아 침공 문제, 중국의 국내 정치 파벌 문제, 베트남에 교훈을 주기 위한 목적 등이다.

덩샤오핑은 같은 공산주의 국가이고, 베트남 전쟁 당시 중국이 최고의 원조를 한 베트남을 왜 침공했을까?

나얀 찬다(Nayan Chanda)의 작품 『형제인 적 : 전쟁 후의 전쟁 (Brother Enemy : The War After the War)』에서 베트남을 침공한 목적과 그 목적에 담긴 원인을 통해 베트남에 대한 중국의 인식을 이해할 수 있다. 이 작품은 베트남 전쟁 이후 몇 년 동안 나타난 실제 목격담을 중심으로 베트남과 캄보디아 사이의 긴장과 대량 학살, 러시아와 중국 사이의 위험한 언쟁 그리고 중국과 베트남 사이의 긴장으로 인한 전쟁 체험담을 다큐멘터리식으로 쓴 것이다. 저자는 1978년 7월 중국 관리의 말을 인용하여 중국 지도부가 "오만하여 감사할 줄 모르는" 베트남에 대해 '징벌'을 결정했다고 한다.

유인선 교수가 그의 책 『베트남과 그 이웃 중국』에서 한 중국인 저자의 글을 인용한 자료를 참고하면, 1978년 11월 덩샤오핑은 싱가

폴을 방문하여 리콴유 수상을 만났다. 리콴유와의 대화 중, 덩샤오핑의 말을 통해 베트남에 대한 중국의 인식을 파악할 수 있다. 덩샤오핑은 리콴유 앞에서 베트남을 '왕바단'(쌍놈의 자식)으로 불렀다고 한다. 덩샤오핑은 베트남 전쟁 때 중국이 최고의 원조를 했는데도 베트남이 보인 불손한 태도에 대해 일찍부터 불쾌한 감정을 느끼고 있었다고 한다.

장제스와 마오쩌둥 그리고 덩샤오핑의 베트남에 대한 인식의 표현이 거칠다. 이들은 20세기 중국의 3대 지도자다. 이들의 베트남에 대한 인식은 지난 2천 년 중국과 베트남의 관계사 속에서 축적된 인식이자 중국을 대표하는 인식이다.

우리는 베트남에 대한 중국의 인식이 왜 이렇게 거친지에 대한 의문을 가질 수 있다. 이 부분에 대해 미국의 저명한 베트남 역사가의 관점을 소개하고자 한다. 리암 크리스토퍼 켈리(Liam Christopher Kelley)는 2001년 발표한 그의 박사논문에서 16세기부터~19세기까지 중국과 베트남 관계에 관해 연구했다. 그의 논문에서 "중국의 침략성에 대한 베트남인의 저항"(Vietnamese resistance to Chinese aggression)의 관점은 베트남 연구에 대한 보편적이고 일반적인 역사적 정의 중 하나라고 강조했다. 또한 베트남의 정체성을 표현하는 중요한 요소라고 했다.

가까운 이웃 캄보디아의 베트남 인식

2006년 프놈펜에서 한 학술 모임이 있었다. 자신을 소개하는 시간이 있었는데, 나는 한국인이지만 베트남에서 일하는 'Yoon'이라고 소개했다. 쉬는 시간에 베트남어를 구사하는 한 캄보디아 사람이 다가와서 말하기를 "캄보디아 사람에게 소개할 때는 다른 가명을 사용하세요."라며 웃으면서 친절하게 말했다. 이유인즉 캄보디아 사람은 베트남 사람에게 민족적 감정이 있는데 베트남 사람을 부를 때 'Giun'이라고 부른다고 했다. 'Giun'은 베트남어로 '회충'인데 Yoon과 Giun의 소리가 비슷하고 특히 한국 사람으로 베트남에서 살고 있다고 하니 더 연상된다는 것이었다. 그 이후 베트남과 캄보디아의 관계사에 관한 자료를 찾아보며 공부를 했다.

어느 시대, 어느 민족이든 민족적 감정이 있는 상대국을 비하하여 부르는 말이 있다. 한국 사람이 일본 사람을 부를 때 '쪽발이'라고 불렀고, 미국은 2차대전 당시 일본을 Monkey(원숭이)라고 부르기도 했다. 일본은 한국을 '조센징'이라고 불렀다.

베트남의 조공국

베트남은 원래 북쪽 홍강 유역을 중심으로 형성된 국가였다. 몇 세기에 걸쳐 남진 정책을 펼치면서 필연적으로 캄보디아와 긴장을 형성할 수밖에 없었다. 역사 자료에 따르면 캄보디아는 17세기 말부터 베트남에 조공을 바쳤는데, 19세기 초 응우옌 왕조가 들어선 이후 캄보디아에 대한 베트남의 지배권이 더 확대되었고, 조공과 책봉도 더 강화되었다. 베트남은 동남아시아로의 팽창 정책을 펼쳤고, 동남아시아에서 베트남형 '소중화'(小中華) 질서를 구축해 갔다. 중국으로부터 뺨맞고 동남아시아에서 화풀이하는 격이다.

그래서 지금의 인도차이나반도를 중심으로 동남아시아는 '소중화'의 축소판이 되었고, 베트남은 동남아시아 패권국의 길을 걷고 있었다. 따라서 캄보디아는 베트남과 태국 사이에서 많은 수난을 겪었다. 베트남과 태국 관계도 갈등이 발생할 수밖에 없었다. 태국과의 갈등은 주로 캄보디아에 대한 지배권으로 인한 것이었다.

베트남의 남진, 동남아시아에서의 소중화 질서 구축과 패권국가의 길에서 캄보디아는 때론 보호도 받았지만 불편할 수밖에 없는 관계였다. 이전의 화려했던 제국의 전성기에 누렸던 영토와 힘을 생각할 때 베트남이 결코 달가운 존재는 아니었을 것이다. 베트남과 캄보디아의 관계에 관해 연구하는 대부분의 미국 학자는 베트남에 대한 캄보디아인들의 감정이 매우 좋지 않다고 말한다.

베-캄 전쟁

1971년 폴 포트(Pol Pot)의 크메르 루주(Khmer Rouge)는 베트남과

관계를 절연하기로 하고, 1972년에 베트남과 친분 있는 캄보디아인들을 대대적으로 숙청했다. 베트남 전쟁이 끝난 후 캄보디아는 베트남의 영향권에서 벗어나고자 노력하였다.

1977년 4월 30일에는 폴 포트가 국경 지대인 베트남의 안 장(An Giang)성 쩌우 독(Châu Đốc) 근처 찌 똔(Tri Tôn) 지역을 침공하여 마을 주민 전체를 학살한 사건이 있었다. 나는 이 마을을 직접 방문했는데, 폴 포트가 집단 학살한 베트남 사람들의 해골을 연령대별로 쌓아둔 것을 볼 수 있었다. 폴 포트의 만행을 기억하기 위함이다.

그러나 이 폴 포트의 공격은 베트남이 캄보디아를 침공할 빌미를 주었다. 1978년 12월 25일 베트남은 10만 이상의 병력과 탱크를 동원하여 캄보디아를 공격했고 13일만인 1979년 1월 7일 수도 프놈펜을 함락했다.

2004년 퇴임한 캄보디아의 전 국왕인 노로돔 시아누크(Norodom Sihanouk)가 1980년 베트남과 전쟁 종료 후 쓴 『전쟁과 희망 : 캄보디아의 경우』(War and Hope: The Case for Cambodia)에서 캄보디아 사람은 외면적으로는 베트남이 미국과 전쟁을 치를 때 베트남 공산주의자들을 돕기도 했지만, 내면적으로 베트남이 캄보디아의 '첫 번째 적'임을 잊지 않았다고 한다.[15]

캄보디아는 오랜 역사 속에서 베트남의 조공국이었고, 베트남의 침략을 두려워하였으며, 베트남을 증오하였다.

멀고도 가까운 이웃, 미국의 베트남 인식

베트남 전쟁을 통해 미국은 전면적으로 베트남과 조우하게 된다. 전쟁을 통한 조우, 베트남에 대한 미국의 인식이 부드러울 수 없다. 베트남 전쟁은 '남북전쟁 이후 미국에 닥친 최악의 비극'으로 정의되었다. 케네디는 원치 않았던 베트남 전쟁 결정을 할 수밖에 없었다. 베트남 전쟁의 여파로 케네디 대통령이 암살당했고, 존슨 대통령은 정계를 떠나야 했으며, 닉슨 대통령은 하야해야만 했다. 베트남 전쟁의 여파가 미국 정계를 쑥대밭으로 만들었다. 그리고 미국은 아무런 소득 없이 불명예스러운 철수를 해야 했다. 건국 이후 최고의 치욕적 사건이 베트남 전쟁이다.

프랭클린 D. 루스벨트(Franklin Delano Roosevelt, 1882~1945)[16]

세계 2차 대전이 진행되던 시기에 미국은 베트남에 별 관심이 없었다. 동아시아의 한 귀퉁이였던 베트남은 미국에 아주 사소한 문제였다. 베를린이 주요 관심사였고, 유럽 문제와 소련과의 원자력 균형이 중요했다. 중국도 신경 써야 할 문제였다. 미국은 내셔널 지오그래픽(National Geographic)이나 극장용 뉴스를 통해 베트남을 겨우 접할 수 있었다. 1941년 미국은 라디오 도청을 통해 일본이 베트남을 공격할 계획을 알았지만 대응하지 않았다. 종합적인 상황으로 볼 때 베트남은 미국에 그리 중요하지 않았다.

1945년 1월 1일 루스벨트는 국무장관 에드워드 스테티니어스(Edward Reilly Stettinius)에게 짤막한 편지를 썼다.

> "아직 베트남 문제를 결정하는 데 개입하고 싶지 않습니다. 또한 일본으로부터 인도차이나를 해방시키는데 군사적으로 개입하고 싶지도 않습니다."

1945년 2월 스탈린과 처칠, 루스벨트가 얄타에서 만나 베트남 문제를 논의했는데, 그때 루스벨트의 통역가인 찰스 볼런(Charles Bohlen)은 다음과 같은 말을 남겼다.

> "대통령은 베트남 사람들이 자바인이나 미얀마인처럼 키가 작고 호전적이지 않다고 했으며"

루스벨트는 프랑스의 식민주의를 아주 싫어했다. 루스벨트는 베트남 민족주의를 크게 지원했다. 그는 프랑스가 베트남에 주둔하는 동안 베트남 사람들의 삶이 더 나빠졌다는 이야기를 주변 사람들에게 자주 했다. 하지만 이상의 발언으로 볼 때 루스벨트는 베트남의 독립을 지지했지만, 베트남에 큰 관심이 없었고 베트남 사람을 잘 몰랐던 것 같다.

존 F. 케네디(John Fitzgerald Kennedy, 1917년~1963년)

1949년 중국의 공산화, 1950년 매카시의 등장, 1950년 한국전쟁의 발발. 이 세 사건은 미국 국내 정치에 심각한 영향을 미쳤다. 이후의 모든 대통령은 정치 이념과 상관없이 반공을 외칠 수밖에 없었다. 이러한 상황에서 케네디가 취임했다.

케네디는 상원의원 시절 베트남 전쟁 개입을 반대하며 다음과 같은 유명한 말을 남겼다.

> "베트남 인민의 공공연한 동정과 지지를 받고 있는 이 전쟁에는 아무리 미국의 군사력을 투입해도 승리할 가능성이 없다고 나는 솔직히 생각한다."[17]

이 세 사건 이전에 미국은 베트남 전쟁을 식민 전쟁으로 인식하며 프랑스의 철수와 베트남의 독립을 지지했었다. 그러나 이 세 사건 이후로 미국은 베트남 전쟁을 식민 전쟁이 아닌 공산주의에 대항하는 서유럽의 전쟁으로 인식하는 시각이 우세해졌다.

저명한 반공 사상가로서 케네디 행정부에서 국가 안전 보장 고문으로 일하며 미국의 베트남 전쟁 참전을 지지했던 로스토(Walt Whitman Rostow)는 호찌민과 그의 게릴라 작전을 과소평가하며 인정하지 않았다. 로스토는 호찌민에 대해 다음과 같이 거칠게 표현했다.

"호찌민은 혁명의 전해를 먹고 사는 짐승(The scavengers of revolution) 같은 게릴라 지도자다."[18]

이러한 인식은 후에 베트남 전쟁을 수렁에 빠진 전쟁으로 이끌었다. 케네디가 취임했을 때 베트남 전쟁에 군대 파견을 두고 의견이 분분했었다. 시간이 갈수록 군대 파견에 찬성하는 의견이 많아졌다. 1961년 11월 8일 국방장관 로버트 맥나마라(Robert Strange McNamara)는 군대를 파견하는 안에 서명했다. 미국이 전투부대를 파견하지 않으면 동남아시아는 공산화되며, 남베트남은 공산화를 막을 전초기지라고 했다.

그러나 전투부대를 파견하는데 케네디와 국무부 경제문제 차관 조지 볼(George Ball)은 두려움을 느꼈다. 케네디는 베트남 전쟁에 전투부대를 파견하는 것에 대해 회의적이었다. 그러나 국내 정치적 상황과 다수 참모의 의견이 파견 쪽으로 몰아갔다. 케네디는 유명한 다음과 같은 말을 남겼다.

"이건 베트남인들의 전쟁이야. 그들이 싸워 이겨야지."[19]

케네디는 프랑스군 30만 명이 베트남을 통제하지 못하는 것을 보며 미국이 프랑스보다 잘할 수 있을지 의심했다. 본인의 의지와 상관없이 베트남 전쟁에 미국의 대규모 개입을 승인한 대통령은 케네디였다. 그러나 미국의 개입은 이를 승인한 남베트남의 응오 딘 지엠(Ngô Đình Diệm) 대통령의 인식과 자세, 판단에 기반을 두었다. 미국의 정책은 그를 신뢰하고 배제하지 않는 것이었다. 따라서 지엠의 보고는 미국의 보고가 되었고, 그의 통계가 미국의 통계가 되었으며, 결국 그의 거짓말은 미국의 거짓말이 되었다.

폴 D. 하킨스(Paul Donal Harkins, 1904~1984)

베트남에 주둔하는 미군 사령관은 이 전쟁을 여느 전쟁과 다를 바 없다고 생각했다. 그것은 적을 찾아 조준하고 사살한 다음 집으로 가는 전쟁이었다. 미국인이 관심을 갖는 전쟁 수단은 오로지 물량이었다. 막강한 화력과 헬리콥터, 폭격기와 대포만 있으면 걱정할 게 없었다. 사령관은 적군의 시체 수가 전쟁을 판단하는 지표라고 생각했다. 산더미처럼 쌓인 베트콩의 시체 수는 확실한 승리의 표시였다. 프랑스가 전쟁에 패한 이유는 의지 부족과 약한 화력 때문이었고, 미국은 의지가 부족하지도 않았고, 화력이 약하지도 않았다.

심리전의 중요성과 관련한 협력 부처 간의 모임이 있었는데, 이때 사령관 하킨스의 핵심 참모였던 준장 제럴드 켈러허가 자신의 임무는 베트콩을 죽이는 것이라며 심리전의 이론을 묵살했다. 이에 정무 담당관 더글러스 파이크가 프랑스는 그렇게 많은 베트콩을 죽이고도 전쟁에서 패했다고 응수했다. 그러나 켈러허는 다음과 같이 말했다.

"충분히 죽이지 않았기 때문입니다."[20]

미군 본부의 태도 역시 그러했다. 실제로 필요한 것은 더 많은 군사력이라고 확신했다. 게다가 전쟁은 심각하지 않고, 적 역시 대단하지 않다고 인식했다. 프랑스 장군은 제대로 갖춰 입지 않은 베트콩의 겉모습만 보고 정식 군인이 아니라고 판단하며 자만했는데, 이제 미국이 같은 전철을 밟고 있었다. 마을을 공격하고 장악한 뒤에는 주둔하지 않고 점령지를 지키며 한밤에 소리 없이 드나드는 적을 누구도 심각하게 여기지 않았다.

하킨스는 사이공에 도착한 후 워싱턴에 처음 발송한 보고서 제목을 「전진 보고(The Head Report)」라고 했다.

"키 작은 황인종인 적은 군복을 입지 않는다. 세력도 없고, 낮에는 절대 싸우지 않으며, 무고한 사람들을 죽인다. 그들은 적이라고 말하기 이전에 과대 평가되었다."[21]라며 베트콩과 전쟁 상황을 무시했다.

전장에서 벌어지는 실제 일보다 워싱턴의 명령을 더 중시했던 하킨스의 사령부는 보고서도 워싱턴의 입맛에 맞게 작성했다. 베트콩의 전력은 항상 축소되거나 삭제되었다. 심각하게 잘못된 점은 지고 있는 전쟁을 이기고 있다고 보고했다는 것이다. 지엠 대통령은 군사를 잃으면 자신의 체면이 깎인다고 생각해 사령관들에게 사상자를 내지 말라고 명령했다.

정부의 낙관주의는 잘못된 보고서에서 시작되었다. 모든 보고서에는 남베트남 직인뿐만 아니라 미국 정부의 것도 찍혀 있었다는 사실이다. 베트남 군사원조사령부는 하킨스의 명령에 따라 실제 조사도 없이 남베트남군의 전투 보고서를 승인하여 워싱턴으로 보냈다. 1962년, 한 민간인 정보요원이 하킨스에게 점증하는 베트콩이 메콩강 삼각주를 위협하고 있다고 경고했다. 이에 하킨스는 이렇게 대답했다.

> "별것도 아닌 걸 갖고, 우리가 우기에 그놈들을 부숴버릴 거요."[22]

하킨스는 1962년 국방장관 맥나라마에게 아무 문제가 없다고 보고했다. 맥나라마가 그것이 사실이냐고 되묻자, 하킨스는 미국 언론이 유일한 문제라고 대답했다. 1962년 전장에서 들어오는 문제와 경고를 단호히 외면했던 하킨스가 메콩강 삼각주의 요충지인 박리에우를 시찰하고 다녀와서 남긴 말이 유명하다.

> "베트남인은 브리핑이 매우 좋다. 베트남 장교들은 베트콩을 상대하는 법을 배우는 데는 느렸지만, 미국인을 기쁘게 하는 기술을 터득하는 일에는 매우 빨랐다. 그것의 핵심은 브리핑 기술이었다. 실제로 그들은 브리핑 선수였고, 간단한 상황 설명에 특히 능했다. 그들의 브리핑에서는 포트브래그 훈련의

효과를 톡톡히 볼 수 있었고, 베트남인 사령관의 영어 억양이

더해져 감동은 배가되었다."[23]

미국 국무부 산하 정보조사국의 중국 전문가 앨런 파이팅은 중국이 한국전쟁에 개입할 것을 예견하는 보고서를 작성해 인정받았다. 그는 정보조사국장에게 베트남 문제에 관여하고 싶지 않다면서 응오딘 지엠에 의해 좌지우지되면 미국은 망할거라고 경고했다.[24]

4.

'월남(越南)'이 아닌 '월남(粵南)'

왜 월남 越南 으로 부르게 되었는가?

오래전부터 한국인에게는 '월남'이란 말이 익숙했다. 특히 한국의 현대역사에 큰 영향을 미친 베트남 전쟁을 거치면서 '월남'이란 단어는 한국인에게 더 깊게 각인되었다.

왜 한국 사람은 베트남을 '월남'이라고 부르게 되었을까? 근현대 이전 한국인의 베트남 인식은 주로 중국을 통한 것이었다. 20세기 이전에 한국은 베트남을 주로 '안남'으로 불렀다. 안남은 당나라가 정한 베트남 이름인데 당 문화의 영향이 커서 오랫동안 안남으로 불린 것으로 보인다. 20세기에 들어서는 월남으로 부르게 되었다.

그런데 중국인은 당나라 이전과 이후에 왜 월남이라고 부르게 되었을까? 월남의 명칭은 어디서 기원한 것일까? 베트남인은 월남이라고 부르는 것에 동의할까?

베트남을 한자어로 '越南'이라고 표기한다. 물론 중국식 의미이다. 베트남은 중국 춘추전국시대의 월(越), 그리고 진·한대의 백월(百越)과 밀접한 관계가 있으며, 옛날부터 중국 역사서에 남월(南越), 대월(大越), 락월(駱越), 교지(交趾), 교주(交州), 영남(嶺南), 구진(九眞), 안남(安南)이라는 지명(종족)으로 불렸다.

어원적으로 중국인은 월남에 어떠한 의미를 담았는가? 월남은 천하의 중심인 중국에서 남쪽으로(남) 넘어(월)갔다는 뜻이다. 대법원 인명용(人名用) 한자에 '월' 자는 달아날 주(走) 부(部)와 음(音)을 나타내는 동시(同時)에 '넘다'의 뜻을 가지는 글자 戊(월)로 이루어져 물건(物件) 위를 통과(通過)하다, 넘다의 뜻을 지니고 있다. 중국에서 가장 북쪽에 있는 나라가 연(燕) 나라였고 가장 남쪽에 있는 나라가 월(越)이었다. 그 월나라의 남쪽에 있는 나라가 월남이었기에 이러한 해석이 가능할 것이다.

그러나 베트남을 더 깊이 이해하려면 월남의 의미에 대한 중국인의 관점과 함께 베트남인의 관점을 알 필요가 있다. 중국인의 월남이 아닌 베트남인의 월남에 대한 이해가 필요하다.

월남이라는 말 안에 중국 중심의 세계관, 역사관, 문화관이 숨겨져 있다. 고대 중국인의 화이사상(華夷思想)은 스스로 중화(中華)라 하여 존중하고 주변 민족을 이적(夷狄)이라 하여 천시하던 사상으로 중국을 제외한 모든 주변국을 야만(野蠻)족으로 인식하게 했다. 월남은 중국인들이 만들어낸 중국적 표현이다. 어원적으로 따지자면 월남과 안남은 관련이 있다. 중국은 고대 시대부터 동아시아를 지배했는데, 저항성이 강한 베트남 민족을 다스리기가 매우 어려웠다. 그래서 당나라 시대에는 남쪽을 안정시킨다는 의미에서 안남도호부라 불렀다.

월남 越南 을 싫어하는 베트남인 : 베트남인의 '월 粵'

중국 남쪽의 월나라가 패망하면서 남하를 했다. 베트남 본토와 국경을 접하게 되고 영향을 미치게 된다. 결국 중국 남부의 광둥과 광시 그리고 베트남 본토를 통합하는 국가를 세우게 되는데, 이것이 찌에우 다(Triệu Đà)의 '남 비엣'(Nam Việt, 南越)이다.

원래 이 월나라의 한자는 이 월(粵)자인데, 한나라에 의해 패망 후 월(越)로 바뀐 것으로 추정한다. 월인의 정체성은 희석되었지만, 현재에도 광둥성 일대의 방언인 광둥어를 '월어'(粵語) 라고 부른다. 광둥성 차량 번호판에는 '월'(粵)로 표기되어 있다. 중국의 세계관에 의해 '粵'자가 '越'로 바뀐 것은 아닐까.

중요한 것은 越자와 粵자의 차이이다. 베트남의 유명한 석학 쩐 응옥 템(Trần Ngọc Thêm) 교수가 한국 대학생들에게 한 강의를 통역한 적이 있다. 월의 의미에 대해 기존의 관념을 무너뜨리는 해석을 한다. 그는 중국에서 넘어갔다는 뜻의 월(越)은 중국의 개념이며, 중국을 중심에 둔 세계관이라고 주장한다.

중국이 베트남을 지배하기 이전 시대부터 베트남 본토에 토착민이 거주했는데, 그때 사용한 도구가 '粵'자 형태와 거의 비슷하게 생겼다고 한다. 따라서 이 도구를 사용했던 사람들을 월족이라고 부르며, '越'이 아닌 '粵'을 사용해야 한다고 주장한다. 베트남의 정체성에 대해 '越'이 아닌 '粵'을 주장하는 쩐 응옥 템(Trần Ngọc Thêm) 교수를 통해 베트남인의 반중국적 민족주의와 민족문화의 근원에 대한 자긍심을 본다.

월의 유교 Việt Nho, 越儒

베트남에서 '작은 공자'로 알려진 낌딘(Kim Định, 본명은 Lương Kim Định) 교수는 가톨릭 신부이자 철학자이다. 동양철학을 공부하다 유학에 심취했고, 유학의 근원을 찾다가 '한유(漢儒, 한족의 유교)'와 '월유(越儒, Việt Nho)'의 개념을 정리했다.

그는 1947년 프랑스로 가서 파리 가톨릭 연구소(Institut Catholique de Paris)와 파리 중국 아카데미(Institut des Hautes

Études Chinoises)에서 철학과 유학을 연구했다.

그가 파리에 머무는 동안 많은 프랑스 친구들이 그에게 "베트남에 철학이 있느냐?"라는 물음에 자극을 받고 베트남 신학과 철학을 건설하기 위해 동서양의 모든 정수를 수집하고 연구했다. 동시에 베트남 문화의 근원을 찾고자 했다. 그는 수십 권의 책을 출판했는데 그의 책 제목에 자주 붙는 단어는 "근원"과 "정수"이다. 인도 철학, 불교 철학과 유교에 관해 연구했고, 특별히 기원전 시기 월족의 유교(Việt Nho-Lạc Việt)에 대해 철저히 연구했다.

오랜 시간, 파리 국립 도서관, 파리 해외 선교회(Mission Eutrangères de Paris)의 베트남 역사 기록 보관소 및 고등 중국학 연구소의 자료 덕분에 그는 베트남 철학의 숨겨진 보물을 찾을 수 있었다고 말한다. 그는 가톨릭 사제임에도 불구하고 파리에서도, 사이공으로 돌아와서도 '작은 공자(Petit Confucius)'라는 칭호가 그를 따라다녔다.

유학을 마치고 베트남으로 돌아온 후, 1960년부터는 사이공 문과 대학(현 호찌민국가인문사회과학대학교)에서 동양철학을 가르쳤다. 남부 베트남 큰 사상가로 활약한 껌딘(Kim Định) 교수는 베트남 문화의 근원을 주 담론으로 연구했고 기존의 흐름을 뒤집는 결과물을 출판했다. 그가 주장하는 베트남 문화의 근원에 대한 핵심 사상은 고대 시대 베트남 민족의 조상이 한유(漢儒, 한족의 유교)의 창조자라고 주장한다. 그는 기원전 1세기까지 현재 중국 남쪽의 광동성(廣東省)에서 광서성

(廣西省)까지 펼쳐진 상당히 넓은 영역을 차지했던 베트남인의 조상이 창출한 문화적 요소들을 폭넓게 연구했다. 이를 바탕으로 한인(漢人)은 베트남인의 문화적 요소들을 받아들이면서 계발했다는 가능성이 있다고 결론을 내렸다. 중국의 한인(漢人)은 이른바 고대 베트남 민족의 유교(儒教)를 수용했고 '자기의 것'으로 흡수한 뒤 미화하고 발전시켰다는 것이다.[25]

혜시 惠施 가 말한 천하의 중앙, 월남[26]

혜시(惠施)는 중국 전국 시대의 정치가이자 사상가이다. 궤변가로 알려진 혜시는 유명한 10개의 철학적 명제를 남겼다. 그 명제가 〈장자〉의 잡편 '천하'에 전해지고 있는데 10개의 명제 중 월과 관련된 유명한 1개의 명제가 있다. "나는 천하의 중앙을 안다. 연나라의 북쪽이고, 월나라의 남쪽이 바로 그것이다." 혜시의 원문은 "我知天下之中央, 燕之北越之南是也"이다. '燕之北越之南'을 'and'로 번역하느냐 'or'로 번역하느냐에 따라 학자들 간에 논쟁이 많다. 즉 '연나라 북쪽이면서, 월나라 남쪽'이냐와 '연나라 북쪽이거나, 월나라 남쪽이다'의 논쟁이다.

혜시의 말은 분명히 중앙을 전제로 한 말이라고 할 수 있다. 그 중앙은 연북(燕北)-월남(越南)이라는 것이다. 천하의 중앙에 대한 혜시의 명제는 구체적인 현실인 연북(燕北)-월남(越南)을 제시한다.

'천하(天下)'라는 말이 당시에는 '세계'라는 뜻으로 쓰였다. 당시 중국인의 세계 개념은 가장 북쪽 끝은 '연나라 북쪽'이고, 가장 남쪽 끝은 '월나라 남쪽'이라고 생각했다. 이러한 천하의 개념에 근거하여 분석하면 그 두 지점은 천하의 중앙이 될 수 없다. 천하의 양 끝이다.

그런데 혜시는 왜 중앙이라 했을까? 혜시의 중앙론은 과연 유한한 지형적 중앙론이었을까? 혜시의 철학적 명제는 모순되거나 반상식적인 것으로 알려져 있다. 따라서 논리적인 분석과 해석이 필요하다. 이것이 혜시 철학의 공식이다. 이러한 모순과 역설을 통해 새로운 사실을 발견한다.

혜시는 저항적 민족정신이 강한 월나라의 남쪽 즉 베트남을 하나의 독립된 나라로 본 것은 아닐까? 하나의 또 다른 세계로 인정한 것은 아닐까? 화이사상에 반기를 든 것은 아닐까?

'월'을 키워드로 한 국호의 변천

베트남은 동아시아에서 오랜 역사를 자랑하는 국가 중 하나이다. 베트남 역사에서 토착민에 의한 최초의 국가는 '반 랑'(Văn Lang, 文郎)으로 알려져 있다.

그러나 1272년 베트남 최초의 역사서 『대월사기』(Đại Việt sử ký,

大越史記)를 저술한 레 반 흐우(Lê Văn Hưu)는 진정한 의미의 베트남 역사는 찌에우 다(Triệu Đà)의 '남 비엣'(Nam Việt, 南越)으로부터 시작한다고 보고 이 시기부터 역사를 기술했다. 이후의 베트남 역사가들도 이 주장에 동의하는 사람들이 많다. 따라서 베트남 최초의 국가를 B.C. 207년에 건국한 남 비엣(Nam Việt)으로 보는 것이 더 베트남적일 수 있다.

이후 B.C. 111년 한 무제에게 정복되어 679년 당나라 시대부터 '안남도호부'(安南都護府)로 불렸다. 이후 '베트남'은 938년에 독립하여 968년부터 '다이 꼬 비엣'(Đại Cồ Việt, 大瞿越)이란 국호를 사용했다. 1054년부터 1400년까지는 '다이 비엣'(Đại Việt, 大越)'을 사용했는데, 명나라의 침략으로 주권을 상실하며 다른 이름으로 불렸다. 1428년에 레 레이가 대명 항쟁에 승리하면서 이때부터 1804년까지 '다이 비엣'(Đại Việt, 大越)'이란 국호를 사용해 왔다. 1802년에 응우옌(阮) 왕조가 시작되었지만, 1804년부터 국호를 '비엣 남'(Việt Nam, 越南)으로 변경했다. 베트남은 '다이 남(大南)'을 사용하기 원했지만 중국이 '대(大)'자 사용하는 것을 부담스러워해서 '비엣 남'(Việt Nam, 越南)이라고 정했다.

그러나 응우옌 왕조의 전성기라고 할 수 있는 제2대 황제 민망(Minh Mạng) 때 '비엣 남' 대신 '다이 남(大南)'을 국호로 사용했다. 캄보디아와 라오스로부터 책봉과 조공을 받았고 서양에 대해서는 쇄국으로 맞섰다. 내부적으로는 '越(월)'을 외부로는 '大(대)'를 표방하며 동남아시아 방향으로 확장해갔다. 중국이 북쪽에 있는 나라라면 베트남은 남쪽에 있는 큰 나라라는 의미로 중국과 대등하다는 것을 강조한 것이다.

이후 1884년에 '다이 남(大南)'은 프랑스 식민지가 되면서 프랑스에 의해 동양(Đông Dương)으로 불렸다가 1945년 9월에 독립하면서 '비엣 남 민주공화국'이 되었다. 베트남 분단 시대에 남베트남은 '비엣 남 공화국'이었고, 북베트남은 '비엣 남 민주공화국'이었다. 비엣 남(Việt Nam)은 1945년부터 공식적으로 사용되고 있는데, 이것은 오늘날 베트남 북부와 중국 남부를 지배하였던 옛 베트남 왕조인 남 월(Nam Việt)의 명칭을 거꾸로 쓴 것이다. 1975년 통일 베트남을 완성하면서 1976년 7월 2일부터 '베트남 사회주의 공화국'이란 국호를 사용하고 있다.[27]

레 반 흐우(Lê Văn Hưu)의 주장대로 남 월(Nam Việt)을 베트남 최초의 국가로 본다면 베트남은 중국과 프랑스 지배 시대를 제외하면 모든 국명에 '월'(越) 자가 있다. 이 '월'(越, 粵) 자에 베트남의 정신이 있다.

5.

베트남은 과연 동남아시아인가?

베트남을 탐구하면서 "베트남은 동남아시아인가? 동아시아인가?"라는 의문이 계속 들었다.

동아시아의 개념

'동방', '동양'의 개념은 로마 제국 시대에 로마를 중심으로 설정한 개념이다. 즉 유럽과 아시아는 한 대륙인데 유럽의 동쪽에 있는 지역을 동양(동방)이라고 불렀다. 이 개념은 근대에 들어서며 유럽이 동양에 대한 식민지 쟁탈전을 벌이던 시대에 확고해졌다. 프랑스가 인도차이나반도를 지배하던 식민지 시대에 프랑스는 인도차이나반도를 '동양(Đông Dương)'으로 불렀다. 서구가 설정한 동양의 개념 안에서 그 중심은 중국이었다.

그러나 중국이 세계 역사의 무대에 등장하면서 '동아시아'의 개념이 조금 달라진다. 동아시아의 개념을 서구의 개념 속에서만 해석하는 것은 부족하다. '동아시아'의 개념에 대해 서구의 관점은 로마와 유럽의 동쪽에 불과하다. 그렇다면 아시아 자체적인 개념은 중국을 중심으로 한 주변 지역이 중국에 대한 저항과 속국의 과정, 즉 탈중국화의 과정을 거치며 자의 반 타의 반으로 형성된 문화권이다. 당나라의 문화가 이웃 나라에 전파되면서 동아시아 문화권이 형성되었다. 당나라가 이웃 나라에 전파한 문화는 한자, 유교, 법률과 불교이다. 따라서 동아시아의 개념은 한자, 유교, 법률, 불교를 공통 요소로 하고 있다. 따라서 동아시아의 개념은 중국, 베트남, 한국, 일본, 몽골 그 외에 홍콩과 대만을 포함한다.

19세기 최한기의 견해

19세기 조선의 대표적 사상가 최한기(1803~1875)는 그의 저서 『추측록(推測錄)』에서 세계의 4대 종교는 불교, 기독교, 이슬람교, 유교라고 했다. 추측록은 1836년에 저술한 것으로 기일원론(氣一元論)적 관점에서 경험론적 인식론을 기술했는데, 조선 후기 사상사를 연구하는 데 도움이 되는 자료이다. 그리고 최한기는 이 책에서 유교를 신봉하는 국가로 중국, 안남, 조선, 일본이라고 주장한다. 최한기는 중국 다음으로 베트남을 열거했고, 베트남은 유교 국가로서 '동아시아 문화권'에 속했음을 주장한다. 최한기는 문서로 베트남을 동아시아 문화권으로 주장한 원조이다.

베트남의 남진 Nam tiến, 南進 과 동남아시아 담론

남진은 베트남이 남쪽으로 영토를 확장한 정책을 말한다. B.C. 2세기 이전 중국의 광둥, 광시와 베트남은 한 나라였다. 15세기 이전까지 베트남은 하노이를 중심으로 북부지역에 한정되었다. 그러나 베트남의 남진 정책을 통해 15세기 후반부터 인도차이나반도의 중부지역 동쪽 해안을 따라 거주하던 참파 왕국을 점령하면서 동남아시아적 담론이 나왔다. 17~19세기 초에 걸쳐 캄보디아 땅이었던 남부의 메콩강 삼각주 지역도 차지하면서 지금의 베트남 영토를 완성하였다. 그러므로 동아시아에서 동남아시아로 분류되는 담론을 형성하게 된다.

19세기 초 응우옌 왕조시대에는 동남아시아의 패권국가를 자처하며 더 동남아시아 방향으로 향하게 된다. 1833년 이래로 캄보디아를 사이에 두고 태국과도 긴장이 발생했었다. 민망 황제 때는 태국에 사신을 일곱 번 파견하였고, 자롱 황제 때는 태국에 총 열여섯 번의 사절단을 파견하여 친분을 유지했다. 베트남은 원래 동아시아 문화권 속의 한 국가였으나 19세기부터 동남아시아의 공간에서 더 활발하게 움직이며 변모해왔다.

일부 베트남 학자들도 현재 동남아시아국가연합에 속한 나라들과는 베트남의 문화가 차이점이 많다고 주장한다. 베트남은 남진을 통하여 현재의 긴 영토를 완성하면서 지리적으로 동남아시아권에 포함되었다. 따라서 베트남은 동남아시아의 지리적 문화와 동아시아의 정신적 문화가 절묘하게 결합하여 나타나는 베트남적 현상을 보인다.

6.

여성의 나라

베트남 홍보대사의 언어

응우옌 녓 아인(Nguyễn Nhật Ánh, 1955~현재)은 현재 베트남의 가장 유명한 문학가이자 베트남 홍보대사로 활동 중이다. 그는 홍보대사로 활동하면서 다음과 같은 유명한 말을 남겼다.

> "내가 가장 좋아하는 베트남 것은 베트남 아내이다!
> (Hàng Việt Nam mà tôi thích nhất là VỢ VIỆT NAM!)"
> "내가 가장 싫어하는 베트남 것은 베트남 시간이다!
> (Hàng Việt Nam mà tôi sợ nhất là GIỜ VIỆT NAM!)"

여성과 관련한 첫 문장에 대해 다양한 해석이 가능하겠지만, 보수적으로 해석하면 생활력이 강하여 자녀를 양육하면서도 맞벌이를 하는 대부분의 베트남 아내를 칭송하는 말이다. 유순하여 남편에게 순종적인 외유내강형의 베트남 아내를 칭송하는 의미이다. 베트남 여성과 아내에 대한 최고의 칭송이 아닐까!

여성의 위상을 나타내는 베트남 속담

내무장관

> "가정에서 아내는 내무장관이다. (Trong gia đình, người vợ được xem như nội tướng.)"

내무장관이란 말에 주의할 필요가 있다. 가정에서 아내의 역할과 책임이 높은 위상을 갖는 것을 의미한다. 베트남 사람은 부동산 매입 때 부부가 공동명의로 하든지 아니면 주로 아내 명의로 등록을 하는 경우가 일반적이다. 나는 베트남에서 23년 동안 여러 번 이사했는데 모두 집 명의가 주인의 아내 이름으로 되어 있었다. 물론 베트남 체제상 사회 활동을 하며 공직을 맡는 남편이 비리 혐의에 연루될 것을 두려워해 아내의 명의로 한다는 근거 없는 이야기도 있다. 그러나 종합적으로 검토해 볼 때 내무장관으로서의 아내의 위상에 더 무게가 실린다.

첫째는 아내, 둘째는 하늘

"첫째는 아내이고, 둘째는 하늘이다. (Nhất vợ, nhì Trời.)"

여성의 위상이 높다는 의미로 아내를 칭송하는 최고의 표현이다. 혹자는 애처가 또는 공처가를 희화화한 표현이라고도 한다. 그러나 베트남 문화와 역사 속에서의 분위기와 이 속담의 해석에 대한 다양한 의견을 검토해 볼 때 나는 아내를 칭송하는 쪽에 무게를 두고 싶다.

맏딸이 최고의 재물

"비옥한 논과 튼튼한 암소도 맏딸만 못하다. (Ruộng sâu, trâu nái không bằng con gái đầu lòng.)"

어떤 값어치 있는 재물도 맏딸만 못하다는 뜻으로서, 여성을 선호했던 전통사회를 보여주는 속담이다. 이 외에도 여성의 위상을 나타내는 속담들이 많다.

여성의 위상을 높인 역사 속의 인물

하이 바 쯩(Hai Bà Trưng, ?~43)

'하이(Hai)'는 둘이라는 의미이고, '바(Bà)'는 여성을 높인 인칭대명 사이다. '쯩(Trưng)'은 이름이다. 즉 '쯩'이라는 이름을 가진 두 자매이 다. 쯩 짝(Trắc)과 쯩 니(Nhị)이며 둘은 친자매이다. 이들의 고향은 메 린(Mê Linh) 현인데, 이 두 자매의 고향 이름을 딴 건물과 학교 이름이 많다.

B.C. 111년 중국의 한무제가 침공했을 때 베트남은 나라를 빼앗 겼다. 속국이 된 베트남은 끊임없는 저항을 하는데, 쯩 자매의 항쟁 은 역사 속에서 가장 두드러진 초기 항쟁이었다. 고대부터 현재까지 쯩 자매는 불굴의 의지를 가진 애국심의 표상이 되었다. A.D. 40~43 년 사이에 두 자매가 항쟁하여 중국에 상당한 위협을 느끼게 했다. 베 트남 도시 어디를 가든 도시 중앙에 하이 바 쯩이라는 길 이름을 만날 수 있다.[28]

중부 다낭시 중심지에 '쯩 브엉 오페라 하우스'(Nhà Hát Trưng Vương Đà Nẵng)가 있다. 다낭시의 각종 국내외 음악회와 큰 행사가 개최되는 곳이다. 그리고 여러 도시에 '쯩 브엉'(Trưng Vương)이란 이름의 학교가 많다. 하이 바 쯩의 고향과 하노이에는 사원도 있다. 하이 바 쯩을 기리는 것이다. 쯩 자매는 일시적으로 주권을 되찾으며

'쯩 브엉'이라고 불렸는데 그 의미가 쯩 왕이다.

보 티 사우(Võ Thị Sáu, 1935~1952)

보 티 사우는 소녀의 몸으로 식민지 시대에 프랑스에 저항하여 의미 있는 민족해방 운동을 주도한 베트남의 유관순이다. 본명은 응우옌 티 사우(Nguyễn Thị Sáu)이며, 베트남 동남부 꼰다오(Côn Đảo)섬에서 프랑스에 의해 총살되었다. 당시 그의 나이는 17세이고, 그의 무덤은 꼰다오섬에 있다. 1994년 9월 2일 베트남 정부는 '민족의 영웅'이란 칭호를 공식적으로 수여했다.[29] 도시마다 보 티 싸우의 저항 정신을 기리기 위해 그의 이름으로 명명한 길과 학교 이름이 있다.

그 외에 대불, 대미 항쟁 때 젊음을 바쳐 구국 운동을 펼친 응우옌 티 민 카이(Nguyễn Thị Minh Khai)와 응우옌 티 디엔(Nguyễn Thị Định) 등이 있다.

여성의 위상을 나타내는 고대 법률

중국의 당나라 시대는 중국의 국력이 주변 민족들에게 크게 영향을 미치며 중국 문화를 중심으로 동아시아 문화권을 형성했다. 당 문화는 개방적이었고, 국제적인 성격을 지니고 있었다. 당나라가 이웃 나라에 전파한 문화는 한자, 유교, 법률과 불교이다. 따라서 동아시아 문화권을 형성하는 요소는 한자, 유교, 법률과 불교인데, 이 요소를 분석할 때 베트남도 동아시아 문화권에 포함된다.

11세기 베트남은 중국으로부터 독립하여 국가 제도를 정비하기 위해 당의 제도를 도입했다. 그러나 부부의 동등한 재산권, 부인의 이혼 요구 가능권은 고유 관습법을 유지하면서 당의 법률을 수용하지 않았다. 이것은 당시 베트남 사회에 통용되어 있던 여성의 위상을 나타내는 증거이다.

여성의 날이 일 년에 두 번 있는 나라

베트남은 여성의 날을 일 년에 두 번 지키는 나라이다. 세계에서 베트남 외에는 여성의 날을 두 번 지키는 나라는 없는 듯하다. 3월 8일은 국제 여성의 날로 지키고, 10월 20일은 베트남 여성의 날이다. 이 두 여성의 날이 되면 가정과 직장에서 남성이 여성에게 꽃과 선물을 증정하고 회식을 해서 점심과 저녁에 식당이 붐비기도 한다. 여성의 날에 예약을 위해 식당에 전화하면 맛집으로 소문난 집은 예약하기가 쉽지 않다.

베트남 남성은 평소에도 집 청소, 밥 짓기와 설거지 등을 잘하는 편이다. 그러나 특별히 이 여성의 날에는 꽃과 선물을 사고, 일찍 귀가하여 아내를 위해 외식을 하든지 저녁을 짓기도 한다. 베트남 남성의 이런 모습을 지켜보며 베트남이 여성의 위상이 높은 나라라는 생각을 하게 된다.

건국 신화에 나타난 여성의 위상

여성의 위상에 대한 베트남적 현상을 분석할 때 그 연원은 베트남 건국 신화인 락 롱 꾸언(Lạc Long Quân)과 어우꺼(Âu Cơ)로 거슬러 올라간다.

『영남척괴(Lĩnh Nam chích quái, 嶺南摭怪)』 열전은 구전되어 오던 건국 신화를 최초로 기록한 책이다. 14세기 말엽에 기록된 것으로 보이는 『영남척괴』에 따르면 이 신화의 핵심은 바다의 신 락 롱 꾸언과 산의 선녀 어우 꺼가 결혼하여 자루(보자기) 하나를 낳았다. 그 자루에서 100개의 알이 나왔는데 모두 건강한 아들로 자랐다. 그런데 락 롱 꾸언과 어우 꺼가 서로 맞지 않아 각각 50명의 아들을 데리고 헤어졌다. 그 이후 엄마를 따라 산으로 간 50명 중 가장 힘센 아들이 반랑국을 세우고 흥 브엉(Hùng Vương) 이라는 왕이 되었다는 이야기다.

이러한 내용은 1272년에 레 반 흐우(Lê Văn Hưu, 여문휴, 1230~1322)가 쓴 최초의 역사서인 『대월사기』(Đại Việt sử ký)에는 기록되지 않았지만, 1479년 응오 시 리엔(Ngô Sĩ Liên, 오사련, 약 15C

초)이 쓴 『대월사기전서(大越史記全書)』에는 기록되었다.

남성과 여성이 동등하게 50명씩 자녀를 나누어 데리고 갔으며, 어머니를 따라간 50명 중에서 강한 자가 베트남 최초 국가의 왕이 되었다는 것은 모계사회의 연원을 보여준다. 이것은 베트남 건국 신화에서 보여주는 베트남 문화의 본질로 남성과 동등한 여성의 위상이다.

7.

영웅의 나라

베트남은 영웅의 나라이다. 영웅을 좋아하고, 영웅을 만드는 나라
이다. 영웅의 이름을 날마다 수도 없이 부르는 나라이다. 온 나라가
영웅의 이름으로 덮였다. 베트남 대부분의 길 이름은 영웅의 이름이
다. 나라를 수호한 전쟁 영웅의 이름으로 가득 차 있다. 베트남 도시
의 가장 길고 넓은 길은 큰 영웅의 이름순이라 해도 과언이 아니다.
동시대 영웅이 서로 연결되어 있다. 택시를 타거나 주소와 장소를 말
할 때는 항상 영웅의 이름을 불러야 한다. 서점에 가도 온통 영웅의
전기들이다. 베트남은 장구한 저항의 역사 속에 수많은 영웅을 탄생
시켰다.

홍(Hùng) 왕들에 의해 다스려진 반랑(Văn Lang) 시대부터 영웅들의 이름과 함께 전개되는 대월(Đại Việt) 시대, 영웅호걸 리 트엉 끼엣(Lý Thường Kiệt), 쩐 흥 다오(Trần Hưng Đạo), 응우옌 짜이(Nguyễn Trãi), 응우옌 후에(Nguyễn Huệ), 호찌민(Hồ Chí Minh) 시대까지 영웅주의는 항상 베트남 문화 속에 친밀하게 내포되어 있었고, 베트남인의 영웅주의는 베트남 역사의 골격이 되었다.

응우옌 짜이도 그의 글 '빈 응오 다이 까오(Bình Ngô đại cáo, 平吳大誥)'에서 베트남은 수천 년의 장구한 전쟁 역사 형성 과정을 지나면서 베트남만의 독특한 영웅호걸들의 문화를 형성해 왔다고 말했다.[30] 이러한 영웅주의가 고대로부터 지금까지 베트남 사회를 움직이는 중요한 작동원리가 되었으며 현재 베트남 사회에도 영향을 미치고 있다.

베트남 최대 일간지 뚜오이 쩨(Tuổi Trẻ) 2008년 3월 15일 자 2면에 "응우옌 반 코이(Nguyễn Văn Khôi)[31] 열사에게 영웅의 칭호를 수여한다."라는 기사가 실렸다. 전쟁이 끝난 지 오래되었고, 21세기를 살아가는 지금도 베트남 사회는 영웅을 중요시하고 영웅을 만들고 있다는 것을 보여주는 기사이다.

이러한 영웅주의는 베트남 사람들의 90% 이상이 행하는 조상 숭배에도 영향을 주었으며, 근래에 있어서는 호찌민을 실제보다 더 영웅시하여 국가적으로 숭배하는 호찌민 사상에도 영향을 주었다. 조상 숭배는 이 영웅주의 문화에 근거해 발전했다고 추정된다.

베트남의 조상 숭배는 한국의 조상 숭배와는 다르다. 한국의 조상 숭배는 단순히 집안의 직계 조상 2~3대를 숭배하지만, 베트남 조상 숭배 사상은 집안의 직계 조상도 숭배하지만, 더 크게 비중을 차지하는 것은 집안의 영웅, 나아가 국가적인 영웅을 숭배한다. 한국의 조상 숭배보다 더 다양하고 포괄적이다. 정월이 되면 베트남의 각 사당에는 영웅들을 숭배하기 위한 사람들로 붐빈다.

하노이의 호안 끼엠(Hoàn Kiếm) 호수 북쪽에 세워진 응옥 썬(Ngọc Sơn) 사당은 15세기 초에 건립되었으나 현재의 건물은 1865년에 재건된 것이다. 당대 최고의 인문학자 반 쓰엉(Văn Xương)과 13세기 몽고의 침략을 무찌른 전쟁 영웅 쩐 흥 다오(Trần Hưng Đạo) 상을 설치하여 기리고 있다. 정월에는 향을 피우고 영웅들을 추모하며 소원을 비는 하노이 사람들로 발 디딜 틈이 없다.

이러한 베트남의 영웅주의는 연원은 무엇일까? 그 연원을 베트남 민족의 애국주의에서 찾아본다.

애국주의

베트남 중, 고등학생들이라면 모두가 외우는 애국주의에 관한 명문장이 있다. 그것은 1428년 봄, 응우옌 짜이(Nguyễn Trãi, 1380~1442)[32]가 명나라와의 전쟁에서 승리한 후 쓴 『빈 응오 다이 까오(Bình Ngô đại cáo, 평오대고, 平吳大誥)』이다. 빈 응오 다이 까오를 모르면 베트남의 공교육을 안 받은 사람이라고 할 수 있다.

이 작품에는 베트남 민족의 사상적 기반, 심층적 작동원리인 애국주의가 잘 나타나 있다. 응우옌 짜이는 빈 응오 다이 까오에서 베트남 전통 애국주의의 한 기초로 민족 자긍 의식에 대해 강조한다. "애국은 민족 사랑이며, 구국은 민족을 구하는 것이다."라는 것이 빈 응오 다이 까오의 큰 사상이다.[33]

20세기 베트남의 위대한 사상가이며 역사철학자인 쩐 반 자우(Trần Văn Giàu) 교수는 그의 논문 「애국주의-베트남 문화 속에 선명한 틀 (Chủ nghĩa yêu nước-nét đậm đà trong văn hóa Việt Nam)」에서 "빈 응오 다이 까오는 '애국주의'라는 가장 위대한 베트남인의 사상적 보물을 가지고 왔다."[34]라고 기술했다. 그는 베트남의 모든 문화 속에 애국주의는 아주 친밀하고 풍성하게 담겨있다고 했다. 베트남인은 도덕교육의 원리로 구국을 가르쳤고, 이것을 모든 것의 대의(大義)로 교육했으며 이 대의에 따르지 않는 자는 베트남인이 아니라고 했다.

베트남의 애국주의는 편협한 국가주의가 아니다. 문명의 교차로에 있는 국토의 지정학적 위치로 인해 그들의 오랜 역사와 문화 속에 자연스레 배어 있는 심층적 작동원리이다. 이 작동원리는 중국을 비롯한 북방 민족과 수많은 전쟁을 치를 때마다 그 진가를 발휘했다. 특히 현대사에서 프랑스와의 독립전쟁과 미국과의 통일 전쟁에서 전 베트남 사회의 심층적 작동원리로 나타났다.

이 영웅주의와 애국주의의 결합은 통일 이후 호찌민 사상으로 자연스레 연결되었다.

호찌민 사상

나는 베트남 대학교에서 '한국 역사'를 강의하면서 가끔 학생들에게 다음과 같은 질문을 한다. "베트남 역사 속의 인물 중 학생이 존경하는 탁월한 지도자, 영웅은 누구입니까?" 학생 10명 중 7~8명은 호찌민이라고 대답한다. 이러한 답변에 사실 좀 놀라지 않을 수 없다. 학생들이 역사 속의 인물을 잘 몰라서 그렇게 답변할 수도 있지만, 호찌민 사상 교육이 잘되어서 그런 것일 수도 있다. 또 하나는 베트남의 대학생들이 호찌민의 사상과 생애를 잘 알기에 진짜 존경하는지도 ······.

2009년 9월 2일, 호찌민 서거 40주년, 8월 혁명 64주년을 기념하여 국가 정치 출판사와 중앙 교양 선전 위원회가 24권의 출판물을 발행했다. 그 내용은 호찌민 주석의 유언, 호찌민 주석의 청소년 시절, 호찌민 약전, 호찌민 사상, 인간적인 도덕 생활과 업적에 관한 것들이다. 또 호찌민 전집을 재발행했다. 40분 분량의 영상자료와 1,000건에 달하는 호찌민의 육성기록물, 26곡의 호찌민과 관련된 가곡들을 CD로 제작했다.

베트남이 공산주의 국가라고?

베트남 공산주의는 우리가 북한을 연상하며 배운 공산주의와는 많은 차이가 있다. 베트남 공산당을 창립한 호찌민에 대한 연구자들의 평가를 종합해보면 한국인 연구자들은 주로 공산주의자로 인식했으며, 프랑스와 미국 연구자들은 민족주의자로 인식했다. 프랑스와 미국 연구자들은 민족해방과 국가통일을 위해 힘쓴 민족주의적 독립운동가 또는 통일 운동가로 인식한다.

베트남 공산주의는 민족주의적 공산주의이다. 다르게 표현하면 민족주의의 변형이라고 볼 수 있다. 민족주의의 알맹이와 공산주의의 껍데기를 가지고 있다. 호찌민은 프랑스의 식민지 상황에서 독립이라는 역사적 과업을 달성하기 위해서 냉전 시대에 공산주의 이데올로기를 전략적으로 차용하여 소련과 중국의 지지를 얻고자 한 것이었다.

그러므로 베트남 사람의 강한 민족주의와 현실주의는 민족의 번영, 국가의 발전이라는 현실 앞에서 언제든지 공산주의를 포기할 수도 있을 것이다. 이러한 사상적 측면도 영웅주의, 애국주의와 호찌민 사상이 융합되어 베트남식 공산주의를 창조하고 있다. 그래서 사회주의의 상부구조와 시장경제의 하부구조가 절묘하게 맞물려 작동하는 사회가 베트남이다.

8.

동서양이 공존하는 나라

동남아시아의 대부분 나라가 서양의 식민지를 경험했기에 서양의 흔적이 남아있다. 베트남도 14세기부터 서양과 교류했고, 17세기부터 예수회 선교사들이 집중적으로 활동했던 지역이기도 하다. 19세기 중반에 들어서는 프랑스 식민지로 전락하는 신세가 되었고, 약 100년 동안 지속되었다. 프랑스가 물러가니 이어 미국이 들어와 약 20년을 사이공을 중심으로 남부 베트남에 미국의 영향을 미쳤다. 따라서 서양의 흔적이 많이 남아있다.

그런데 베트남 사람은 서양의 흔적을 잘 보존하고 수용하여 베트남화하는 능력이 탁월하다.

베트남어

베트남어를 분석하면 재미있는 현상이 나타난다. 청동기 시대부터 사용해 온 베트남인의 고유한 말과 9세기부터 사용해 온 한자 차용어인 '쯔 놈(chữ nôm: 字 喃)'의 소리에다 조금의 프랑스어 음까지 함께 들린다. 베트남과 중국의 소리가 결합해서 들리는데 문자는 프랑스어다. 속옷은 동양의 옷을 입고 있는데 겉옷은 서양인 격이다.

베트남어는 약 1억의 본토 베트남인들이 사용하는 언어이다. 여기서 베트남인이란 넓은 의미로는 전체 민족을 구성하고 있는 54개 종족을 지칭하며, 좁은 의미로는 그중 주 종족으로 약 87%를 차지하는 낀(Kinh: 京)족을 일컫는다. 물론 낀족을 제외한 소수민족들도 자신들의 고유한 언어를 가지고 있지만, 통일 이후 국가의 강한 공용어 정책으로 베트남어는 베트남 땅에 거주하는 다민족이 통용하는 언어가 되었다. 그 외에 5백만의 재외교포들이 베트남어를 사용하고 있다.

베트남은 우리나라와 같이 중국 문화의 영향을 많이 받았다. 베트남은 오래전부터 사용해 오던 민족의 고유한 말은 있으나 문자가 없었기에 약 9세기부터 우리나라의 이두처럼 쯔놈(chữ nôm: 字 喃)이란 한자를 빌려 사용하였다. 그 결과로 한국어와 베트남어 단어의 약 70%가 한자 차용어로서 음이 비슷하게 난다.

17세기에 프랑스인 예수회 선교사 알렉산드르 드 로드(Alexandre de Rhodes)가 오늘날 통용하고 있는 베트남어 문자를 만들었다. 재미

있는 사실은 이 신부가 쯔 놈이라는 한자 차용어가 너무 어려워 가톨릭 교리를 쉽게 전할 수 없었다. 그래서 현지 서민들의 소리를 들으며 그 소리를 프랑스어 알파벳에 근거해서 문자를 만들었다는 것이다. 즉 17세기 베트남인들이 사용하던 소리를 프랑스어 알파벳으로 표기한 것이 베트남 문자가 되었다. 따라서 베트남어에는 베트남의 고유 문화와 중국문화 그리고 프랑스 문화가 함께 공존하고 있다.

가톨릭

프랑스 식민지 시대에는 인구의 15%가 가톨릭 신자였다. 베트남은 아시아에서 필리핀, 인도에 이어 가톨릭 신자 수 3위를 오랫동안 유지해 왔다. 최근 통계는 1억 인구의 7%까지 감소했으나 7백만을 유지하고 있다.

베트남을 방문하는 사람들에게 베트남을 소개하며 가톨릭에 대해 말하면 대체로 놀라는 분위기이다. 한국인에게 베트남은 공산주의 국가의 인식이 강해 종교 활동이 미약한 것으로 인식되기 때문이다.

호찌민 근교의 동 나이(Đồng Nai)성의 성도인 비엔 호아(Biên Hòa)시는 베트남 최대 가톨릭 신자 밀집 지역이다. 성에서 발행한 연감에 따르면 인구의 35%가 가톨릭 신자다. 비엔 호아시의 1번 국도를 지나면 약 300~500미터 간격으로 한국에서도 볼 수 없는 엄청난 규모의 성당과 넓은 뜰을 가진 가톨릭교회를 흔하게 볼 수 있다.

비엔 호아시를 중심으로 동 나이성에 가톨릭 인구가 많은 것은 1954년 제네바 협정에 따라 17도 선을 기준으로 남북이 분단되면서 남쪽으로 이주한 북쪽의 가톨릭 신자들이 이 지역에 밀집해서 거주했기 때문이다. 베트남 사람은 1954년 남쪽으로 이주해 온 사람들을 '박 남쯔(Bắc 54)'라고 부른다. 약 100만 명 이상이 남쪽으로 이주했으며 그중 약 6만~8만 명이 천주교 신자였다. 그리고 남부를 중심으로 지방의 대도시마다 그리고 하노이에서도 대성당을 볼 수 있다.

프랑스 시대에 개발한 중부 고산도시 달랏(Đà-Lạt) 주변에 남부 베트남에서 가장 높은 랑비앙산(Núi Langbiang)이 있다. 이 산 바로 밑에는 랏 종족이 모여 사는 락 즈엉(Lạc Dương)이란 마을이 있다. 이 마을 주민의 90% 이상이 가톨릭 신도이며 마을의 중앙에는 큰 성당이 있다. 성당의 십자가 밑에는 물소 머리가 있고 성당 내부 앞쪽에는 이 종족의 전통 제례 의식 때 사용하던 각종 악기와 공구들이 설치되어 있다. 이 마을은 전통적으로 물소를 숭배해 오던 종족이었는데, 가톨릭이 전해지면서 가톨릭 마을이 되었다. 가톨릭을 받아들이면서 물소를 십자가 밑에 내려놓았다고 해석하기도 하고, 한편으론 서양의 가톨릭이 동양의 토테미즘과 공존하는 토착화의 현상으로 보기도 한다.

파리광장과 알렉산드르 드 로드 길

1976년에 수백 년 동안 사용해 왔던 사이공이란 도시 이름을 호찌민으로 바꾸었다. 현재 호찌민은 베트남의 가장 큰 도시다. 물론 수도는 하노이다. 그러나 인구수나 GDP 통계로 볼 때 호찌민이 더 큰 도시다. 하노이는 정치의 수도이고 호찌민은 경제의 수도라고 부른다.

이 호찌민의 중심가에 행정 구역상 공식적으로 파리광장이라 부르는 곳이 있다. 이곳은 프랑스 식민지 시대에 행정 중심이었고, 지금도 관광객이 가장 많이 몰리는 명소이다. 프랑스 식민시대에는 '리틀 파리'라는 말이 나올 정도였다고 한다.

이 파리광장에는 파리의 노틀담 성당을 모방하여 19세기 말에 건축한 성모마리아 대성당이 있다. 그리고 그 옆에 같은 시기에 건축한 중앙우체국이 있다. 성모마리아 성당 맞은편 동 커이(Đồng Khởi) 길을 따라 조금 내려오면 호찌민시 인민위원회 청사가 있다. 세 건축물 모두 프랑스 식민지 시대에 프랑스 양식으로 건축한 것이다.

이 파리광장 중앙에 서 있으면 유럽의 한 곳에 서 있는 느낌이 든다. 베트남 사람은 파리광장이란 이름을 그대로 사용하고 프랑스인들이 건축한 건물들을 보수하며 유지하는 모습이 우리나라와는 다르다.

성모마리아 대성당을 5년째 복원 공사 중이다. 2017년 복원 공사를 시작할 때는 2023년에 완료할 것으로 발표했었다. 그러나 코비드-19의 장기화로 인해 2027년에 복원 공사를 완료할 예정이라고 지난 2022년 8월 4일 호찌민시 문화체육국 국장이 사회경제 기자회견에서 공식 발표했다. 복원의 완성도를 높이기 위해 건축 자재를 벨기에, 프랑스와 독일에서 수입해 온다고 한다.[35]

파리광장에서 성모마리아 성당 뒤쪽으로 약 2백 미터 정도 올라가면 알렉산드르 드 로드 길이 있다. 이 길 중간에는 호찌민시 외무국 건물이 있다. 베트남 문자를 만들어 준 가톨릭 선교사를 기념하여 외무국이 있는 길 이름을 알렉산드르 드 로드로 지었다. 이 알렉산드르 드 로드 길은 투득 지역의 10여 개 대학이 모여있는 국가대학촌의 중앙로 길 이름이기도 하다.

베트남은 민족 자긍심이 대단한 민족이지만, 외래문화에 대한 수용성이 강하다. 적합한 것은 수용하고 고유문화와 충돌하는 것은 베트남화한다. 사회주의 국가에서 생각하기 쉽지 않은 현상이다. 이러한 현상에 대해 나는 다양성의 베트남 문화의 본질 위에 민족 자긍심이 더해져 유연성과 관용성을 갖춘 베트남 사람의 민족성이 그 연원이라고 분석한다.

프랑스 시대에 형성된 교육 타운

호찌민시 심장부인 1 지역과 3 지역에 마리 큐리(Marie Curie), 쩐 다이 응이아(Trần Đại Nghĩa), 레 꾸이 돈(Lê Qúy Đôn), 응우옌 티 민

카이(Nguyễn Thị Minh Khai) 고등학교가 있다. 이 네 학교는 모두 백년 이상의 역사를 보유하고 있다. 프랑스 시대에 프랑스 사람에 의해서 프랑스에서 가져온 자재로 건축되었다. 당시 호찌민(사이공)에 거주하는 프랑스 가정의 자녀들과 그 외 유럽 가정의 자녀들이 다녔다. 그리고 일부 베트남 가정 자녀들도 다녔다고 한다.

특히 마리 큐리, 레 꾸이 돈과 응우옌 티 민 카이 세 학교는 3군에 자리 잡고 있는데, 이 학교들로 인해 주변에 각종 교육기관과 큰 주택들이 많이 건축되었다. 호찌민시 교육청 청사도 이 세 학교 사이에 오랫동안 있었다. 그래서 호찌민 사람들은 세 학교가 밀집해 있는 3 지역을 호찌민시 교육 타운이라고 부르는데 대부분 건물이 프랑스식으로 건축되었다. 프랑스 시대에 파리광장과 이 학교들이 있던 3 지역이 프랑스인들이 주로 거주하던 지역이었다. 호찌민시를 '리틀 파리'로 부르기에 충분했다는 생각이 든다.

호찌민시는 이 프랑스 시대에 형성된 건축물과 지역을 보수하며 잘 유지하고 있다. 베트남의 역사이자 문화이다. 그러나 속은 베트남 정신과 베트남 것으로 채워가고 있다.

시클로

시클로를 베트남의 상징물 중 하나라고 인식하고 있지만, 사실은 프랑스 사람의 프랑스의 것이다. 여행객이 베트남에 오면 꼭 체험해 보는 것 중 하나가 인력거인 시클로 타기이다.

시클로는 1939년 쿠포드(Coupeau)라는 이름의 프랑스 샤랑트 (Charente) 출신의 프랑스인이 발명했다. 자료에 따르면 이 새로운 운송 수단을 홍보하기 위해 쿠포드는 프놈펜에서 사이공까지 2명의 자전거 페달 운전자를 고용하여 교대로 거의 200km를 달려 17시간 23분 만에 도착했다고 한다.

통계 자료에 따르면 1939년 말까지 사이공에는 40개의 시클로가 있었지만 1940년에는 200개로 늘어났다. 프랑스 식민지 시대에 시클로는 고관들이 주로 사용한 인력거였다. 당시 인력거는 부의 상징이어서 부잣집은 적어도 한 대 이상을 소유하였다.

1954년 프랑스와의 유명한 전투인 디엔 비엔 푸(Điện Biên Phủ) 전투에서 베트남군은 시클로를 이용하여 프랑스군 주둔지인 디엔 비엔 푸 고지까지 밤새도록 무기와 탄약을 옮겨 승리하였다고 한다.

이후 시클로는 사이공과 하노이 전국에 걸쳐 주요한 교통수단이 되었는데 특히 여성들이 시클로를 많이 이용했다. 시클로는 덮개가 있어 햇볕을 가려주고, 비가 올 때는 비를 막아준다. 2000년대 들어서며 사회가 빠르게 변화하고 오토바이가 보급되면서 시클로 이용이 많이 줄었다. 하지만 아직도 노인들과 관광객들은 시클로를 이용하고 있다.

이 시클로가 베트남에서 주요 교통수단으로 자리매김하고 오랫동안 사랑받으며 발전할 수 있었던 이유는 무엇일까? 그것은 호찌민의 땅이 평평하다는데 있다. 호찌민은 서울의 1.4배 정도의 면적이지만 조금의 경사진 곳도 없는 거의 평평한 땅이다. 그래서 페달을 밟아서 두세 사람을 태우는 인력거인 시클로가 발전할 수 있었다. 하노이도 마찬가지이다. 시클로는 외래문화를 수용하여 베트남화한 대표적인 문화 상징물이다.

9.

베트남에 삼국시대?

푸남 · 참파 · 베트남

2022년 8월에 베트남에 관심 있는 한국의 한 청년이 북부 하노이로 들어와서 중부 다낭을 거쳐 호찌민까지 내려왔다. 그리고 메콩델타 초입까지 둘러본 후 나를 만났다. 나는 첫 질문에서 북부, 중부, 남부를 둘러본 소감을 물었다.

그 청년의 첫 마디가 "세 지역이 너무 다른 거 같아요. 한 나라이지만 다른 나라 같은 느낌도 받았어요."라고 답변을 했다. 이처럼 다른 느낌을 갖게하는 이유가 바로 베트남에도 삼국시대가 존재했기 때문이라는 것이다.

우리는 '삼국시대'라고 하면 중국의 삼국시대와 한반도의 삼국시대만 기억한다. 베트남 땅의 삼국시대에 대해서는 들어 본 적이 없다. 여러 베트남 역사책을 살펴봐도 삼국시대를 언급하는 책은 없다. 그러나 현재 베트남 땅에 삼국시대가 존재했었다.

삼국은 어떤 나라이며, 어떤 형태로 존재했을까? 베트남은 어떻게 삼국을 통일한 통일 국가가 될 수 있었을까?

한반도에는 B.C. 1세기부터 A.D. 7세기까지 약 700년간 삼국시대가 형성되었다. 중국에는 A.D. 3세기에 삼국시대가 약 60년간 유지되었다. 한반도의 삼국은 불완전한 통일이었지만 신라가 삼국을 통일했다. 중국의 삼국은 위, 촉, 오인데 서진이 통일했다.

A.D. 2세기부터 6세기 말까지 현재의 베트남 남서부 메콩델타 지역의 안 장(An Giang)성을 중심으로 한 푸남 (Phù Nam)왕국과 중부지역의 다낭을 중심으로 한 참파(Champa) 왕국(임읍) 그리고 북부지역의 베트남(교지, 영남, 교주, 만춘)으로 형성된 삼국이 존재했다. 6세기 말 첸라(쩐랍)에 의해 푸남이 멸망한 후에는 쩐랍과 참파 그리고 베트남(안남, 대월)으로 구성된 삼국이 약 천년 간 지속되었다.

북부지역의 베트남은 B.C. 111년부터 A.D. 938년까지 약 일천 년간 중국의 지배하에서 독립운동을 지속하면서 지역명이 자주 바뀌었다. 7세기까지는 쟈오 찌(교지), 린 남(영남) 쟈우 쩌우(교주), 반 쑤언(만춘) 등으로 불리다가 당나라 시대 때부터는 도호부를 설치하면서 베트남을 안남으로 불렀다. 이후 베트남은 외부 세계에 안남으로 알려졌다.

A.D. 938년 중국으로부터 독립하면서 다이 꼬 비엣 (Đại Cồ Việt, 大瞿越, 대구월)과 다이 비엣((Đại Việt, 大越, 대월)으로 불리었다. 필자가 강조하고자 하는 의미 있는 베트남의 삼국시대는 푸남이 존재했던 7세기 이전의 삼국이다.

푸남 Phù Nam, 68-550 왕국

베트남어 발음은 '푸남'이고, 중국어 발음은 '부남(扶南)'이며 크메르어 발음은 '프놈(ភ្នំ)'이다. 영어로는 'Funan'으로 쓴다. 푸남은 1세기부터 6세기에 걸쳐 베트남 남부지방의 호찌민을 포함한 메콩델타(Mekong Delta) 지역을 차지했다. 메콩강 하류 지역에 발흥한 왕국이다.

푸남 왕국은 6세기 말에 쩐랍(Chân Lạp, Chen-la, 眞臘)에 의해 멸망했으며, 그때부터 18세기 중반 응우옌 정권이 들어설 때까지 베트남의 메콩델타 지역은 캄보디아의 지배하에 놓였었다. 푸남 왕조는 당시에 군사력이 강했으며, 전성기인 3~5세기에는 참파(Champa) 왕국과 전쟁을 일으킨 적도 있다. 주변 국가뿐 아니라 세계와 소통하며 무역이 왕성한 동남아시아의 강국이었다.[36]

레 흐엉(Lê Hương)이 그의 '푸남 사료(Sử liệu Phù Nam)'에서 인용

한 푸남 왕국에 대한 중국 역사 기록에 다음과 같은 내용이 있다.

> "푸남 사람들은 지략이 뛰어나지만, 친절하고 정직하며 무역
> 에 특화되어 있었습니다. 판매되는 일상 용품은 금, 은, 비단
> 등이었습니다."[37]

에버렛 퍼거슨(Everett Ferguson), 마이클 P. 맥휴(Michael P. McHugh), 프레드릭 W. 노리스(Frederick W. Norris)가 공동 저술한 『초기 기독교 백과사전(Encyclopedia of Early Christianity)』에 의하면 베트남 메콩델타 지역에서 형성, 발전된 푸남 왕국의 옥-에오(Óc-eo) 유물에서 페르시아 사산왕조(The Sassanians)의 유물이 발견되었다.[38]

푸남은 고대 남방 해상 실크로드의 요충지였고 중국과 지중해 세계를 연결하는 비단길이었다. 영국의 고고학자 이란 글로버(Ian Glover)는 남방 실크로드라고 명명했다. 사가들은 로마와 인도의 교역, 동남아시아와 중국의 교역이 증가하면서 이 남방 실크로드가 형성되었다고 한다.[39]

베트남 고고학자와 역사학자들의 자료에서도 푸남 왕국의 옥-에오 문화 유적지에서 페르시아의 흔적과 로마의 유물들이 발견되었다고 기록하고 있다. 로마의 유물로는 동전과 신상 조각들이 여럿 나타났다.

참파 왕국

참파에 대한 최초의 기록은 A.D. 100년과 137년이다. 베트남인이 사는 지역 남쪽의 언어와 인종과는 다른 사람이다. 이들은 후한 시대에 반란을 두 차례 일으켰으며, 그 지도자는 쿠 리엔(Khu Liên)인데 역사는 참족으로 기록하고 있다. 유인선 교수의 저서에서는 "중국인의 문헌에는 이들이 세운 나라를 럼 업, 후에는 참파(Champa)로 부르고 있다."라고 기록하고 있다. 이 참파는 19세기 초반까지 베트남 중부지역에 존재하며 참파 고유의 독창적인 문화를 유지했다.[40]

참파 왕국은 베트남에 흡수되기 전까지는 캄보디아, 태국 등과도 대등한 동남아시아의 강자였으며 베트남의 숙적이었다.

또 다른 관점에서 베트남의 역사는 북쪽 중국의 침략과 지배에 저항하면서 참파 왕국의 땅으로 남진해 가는 과정이었다고도 할 수 있다. 베트남은 남쪽의 참파와 일천 년 이상 전쟁을 이어왔다. 베트남의 저항력은 북쪽 중국의 침략과 지배에 맞서고 남쪽의 참파 왕국을 정복하는 과정에서 맷집이 생겼고 그 힘이 길러졌다.

베트남 정부의 2019년 4월 1일 발표한 소수민족 인구조사 통계에 따르면 현재 베트남 땅에 거주 중인 참족은 178,948명이다. 베트남이 참파 왕국을 정복하는 과정에서 참족은 동남아시아 각국으로 흩어졌고, 일부는 베트남의 소수민족으로 남았다. 현재 주 거주지는 두 곳인데, 메콩델타 지역 안장성 쩌우 독 지역에 이슬람교를 따르는 참족

마을이 형성되었고, 닌투언성 판랑 지역과 빈투언성 지역에 인도의 브라만교를 따르는 마을이 형성되었다. 이 두 지역 외에 따이 닌(Tây Ninh), 동 나이(Đồng Nai)와 호찌민(Hồ Chí Minh)의 일부 지역에 소규모 공동체로 거주한다.

10.
베트남을 움직이는 네 가지 힘

여성 · 젊음 · 교육 · 통일

어떤 언어로 베트남의 사회 분위기를 가장 적절하게 표현할 수 있을까? 생동, 활기, 역동이란 단어가 떠오른다.

베트남은 북부의 홍강과 남부의 사이공강, 그리고 메콩강처럼 끊임없이 꿈틀거린다.

베트남을 꿈틀거리게 만드는 힘은 무엇일까? 관점에 따라 다른 언어로 표현할 수 있겠지만 필자가 관찰한 베트남을 움직이는 힘은 여성, 젊음, 교육, 통일이다.

여성

 베트남 사회를 움직이는 보이는 듯 보이지 않는 힘이 여성이다. 2018년 베트남 통계청 자료에 따르면 노동 가용인구 중 여성의 경제활동 참여율이 72%이다. 베트남의 최대도시 하노이와 호찌민의 여성 경제활동 참여율은 적어도 80% 이상이다. 지방 소도시나 농촌에서도 상점이나 논과 밭에 일하는 사람이 주로 여성이다. 맞벌이 비율이 높은 이유가 물가에 비해 소득이 낮아서 부부가 함께 경제활동을 해야 하는 이유도 있겠지만 예로부터 가족에 대한 책임 의식과 여성의 위상의 높았기 때문일 것이다.

 나는 베트남에서 20년 넘게 살면서 관공서, 교육기관, 은행 등의 볼 일이 있을 때 남의 손을 빌리지 않고 직접 일을 처리하며 살아왔다. 은행도 한국계 은행이나 외국계 은행보다 베트남 은행을 더 이용했다. 베트남 은행은 이자가 더 높고 외국인 고객을 우대해주는 분위기가 있기 때문이다. 베트남 관공서나 은행 등을 방문할 때 자주 보는 풍경 중 하나가 뒷자리 또는 구별된 최고 결재자의 자리에 여성이 있는 것이다. 한국에서는 목격하기가 쉽지 않은 장면이다.

 한국 대학교의 총장은 여자대학교 한두 개를 제외하고 여성 총장을 임명하는 경우가 아직도 드물다. 베트남의 최대도시인 호찌민에 남부 베트남 인재들이 모이는 호찌민국가인문사회과학대학교의 총장이 40대 후반의 여성 총장이다. 또 호찌민 사립대학교 중 최대의 투자를 하며, 최고의 교육인프라를 구축하여 인지도를 높이고 있는 두 대학교의 총장이 여성이다. 호아 센 대학교와 반랑 대학교인데, 호아 센 대학교의 총장은 38세 여성으로 베트남 전국에서 가장 젊은 대학교 총장이다. 2022년 3월 현재 호찌민시의 인지도 있는 국립대학교와 전망 있는 두 사립대학교의 총장이 여성인 것이다. 한국인에게 잘 알려진 중부지역 다낭의 동아대학교와 후에의 외국어대학교의 총장도 여성이다. 이외에도 여성 총장이 여럿 있고, 최근에 임기를 마친 여러 대학 총장들이 여성이다. 대학교 총장을 여성으로 임명한다는 것은 사회적으로 미치는 영향력이 크다고 할 수 있다.

베트남 유, 초, 중, 고등학교의 등하교 시간에는 학교 주변이 엄청난 교통 체증을 일으킨다. 베트남은 아직 걸어 다닐 수 있는 범위 안의 학교가 부족하고 대중교통이 한국처럼 발달하지 않아 유치원생과 초등학생은 거의 90% 이상이 부모나 가족이 오토바이와 자동차로 등하교를 시킨다. 중, 고등학생도 70% 이상은 여전히 부모가 등하교 때 태워준다. 자녀들을 태워주는 부모를 살펴보면 아빠도 적지 않지만, 엄마가 훨씬 많다. 엄마가 자녀를 등교시킨 후 출근하고, 퇴근 후 자녀를 데리러 간다.

여성들의 사회적 활동이 많고 영향력 또한 적지 않다. 그러나 요란하지 않은 것 같다. 보이는 듯 안 보이는 듯 곳곳에서 영향력을 미치는 것이 베트남의 여성이다.

젊음

베트남은 세계에서 가장 젊은 나라이다. 베트남을 역동적으로 움직이는 힘은 젊음이다. 2020년 베트남 통계청 공식 통계에 따르면 총인구가 97,582,694명이고, 평균연령이 32.5세이다. 2017년 유엔 경제사회국 통계에 따르면 베트남의 15세 이상 64세 이하의 노동가용 인구는 총인구의 69.3%를 차지한다.

베트남의 최대도시 호찌민시의 2020년 주민등록지 기준 통계청 공식 인구는 9,227,598명이다. 실제 거주 인구는 이미 1,000만 명을 넘어섰다.

베트남 교육양성부 2020년 공식 통계에 따르면 전국에 237개의 4년제 대학이 있다. 그중에 약 70여 개 대학이 호찌민시에 집중해 있으며, 대학생 수는 약 80만 명으로 추정한다. 3년제 전문대학까지 포함하면 호찌민시 인구의 열 명 중 한 명은 대학생인 셈이다.

출, 퇴근 시간에 신호를 받으면 왕복 6차선 도로가 오토바이로 발디딜 틈이 없을 정도인데 주변을 둘러보면 60세 이상의 노년 인구를 보기가 힘들다. 젊은 사람들로 가득 차 있다. 어떤 외국 투자자는 이러한 베트남의 젊음을 보고 시장의 매력을 느끼며 투자를 결정하는 경우가 자주 있다고 한다.

얼마 전, 서울대학교 보건대학원에서 인구학을 연구하는 조영태 교수가 베트남에서 연구년을 보낸 후 『2020~2040 베트남의 정해진 미래」란 책을 출판했다. 젊은 국가 베트남을 강조하며 기회의 땅으로 많이 묘사하고 있다. 또한 그는 "인구구조 변화가 생각보다 많은 것을 알려준다."라고 덧붙였다. 기회로서의 베트남 시장과 미래 가능성에 대한 예측은 동의하나 젊음의 인구구조를 지나치게 발전주의와 성장주의 관점에서 미래 투자로 연결 지어 상업적 접근을 하는 듯하다. 조교수는 베트남이 젊은 나라라고 강조하며 인구 구성 중 25~34세 연령대가 가장 많다고 한다. 그 이유를 단지 안정적인 출산율에서만 찾고 있었다. 여기에서 베트남이 젊은 국가가 될 수 있었던 연원과 미래에 관한 이야기를 잠깐 하고자 한다.

베트남은 왜 세계에서 가장 젊은 국가가 되었을까? 젊은 국가를 유지하고 있는 연원은 무엇일까? 이 젊음은 계속 유지될 것인가? 이 질문에 대해 두 가지를 생각해 보고자 한다.

첫째, 베트남이 젊은 국가를 유지할 수 있는 이유는 특이한 베트남의 베이비 붐 현상 때문이다. 베이비 붐(Baby boom)은 일정한 시기에 출생률이 상승하는 현상을 말한다. 주로, 큰 전쟁 후에 발생하는 현상으로 세계 2차대전이 끝난 후 유럽, 미국과 일본에서 이러한 현상이 일어났다. 한국은 한국전쟁 이후 1955년부터 1963년 사이에 태어난 사람을 베이비 붐 세대라고 한다. 베이비 붐 현상은 전 세계 모든 국가에서 일어나는 현상으로 일반화할 수 있다.

베트남 전쟁이 끝나고 베트남은 1975년 4월 30일 통일을 완성했다. 그러나 1985년까지 뚜렷한 베이비 붐 현상이 나타나지 않았다.

베이비 붐은 전쟁이 끝난 2~3년 후부터 일어나기 시작하는데 베트남에서는 특징적인 출산율 증가가 없었다. 왜 그랬을까?

베트남은 통일 이후 북베트남에만 시행했던 사회주의 계획경제를 전 국가적으로 확대 시행했다. 배급제가 시행되었고, 모든 토지와 농지는 국가 소유가 되었다. 이로 인해 시간이 지날수록 노동 의욕은 상실되고 생산량이 줄었다. 절대빈곤의 상태를 벗어나지 못했다. 전쟁의 후유증도 심했는데 경제적으로 파탄에 이르게 되었다.

구 사이공을 중심으로 남부 베트남 사람들이 느끼는 빈곤의 체감온도는 더 심했다. 게다가 체제 전환으로 인한 개조학습 등으로 인해 민생은 더욱 고달팠다. 먹고 살기 힘든 절대빈곤의 상황에서 자녀 출산의 여유가 없었던 것이었다.

그러나 1986년부터 개혁개방을 하면서 노동자와 농민들의 노동 의욕이 생기고 생산이 증대하였다. 1986년 이전에는 수입했던 쌀을 1987년부터는 수출을 하게 되었고, 민생에 활기가 돌기 시작했다. 자연스럽게 출산율 증가로 이어졌다.

따라서 베트남에서의 베이비 붐은 전쟁이 끝난 12년 후인 1987년부터 늦게 시작되었다. 출산율의 증가는 약 10년 동안 이어지는데 이 베이비 붐 세대가 2022년 현재 20대 중반에서 30대 중반 세대이다. 이 세대가 현재 베트남이 젊은 국가로 역동성을 보여주며 청년 노동력이 풍부한 연원이다.

둘째, 베트남이 젊은 국가를 유지할 수 있는 이유는 도시화 현상 속에서도 가족 중심의 생활과 그에 따라 출산율이 안정적이기 때문이다. 수도 하노이와 경제 수도 호찌민의 인구가 급증하며 급격한 도시화 현상이 일어나고 있다. 베트남 국회 법사위원회는 하노이 인구가 매년 평균 3% 속도로 증가하여 2020년에는 1,050만 명으로 예측된다고 발표했다. 정부가 예측하고 발표한 이 인구 수는 2050년에 도달한다고 했다. 그런데 30년 앞당겨서 달성되었다. 이는 인구가 대도시로 집중하며 급속한 도시화가 진행되고 있음을 나타내주는 결과이다.[41]

하노이와 호찌민을 중심으로 베트남의 도시화가 국가의 예측보다 매우 빠르게 진행되고 있다. 젊은이들이 도시로 몰리고 있다. 실제 거주 인구가 하노이는 1천만 명에 육박했고 호찌민은 이미 1천만 명을 넘어섰다. 도시화가 빠르게 진행되면서 하노이와 호찌민을 중심으로 위성도시가 형성되고 있는데, 20년 후엔 2천만 명 단위의 메트로폴리탄이 남부와 북부에 형성될 것으로 예측된다. 베트남 인구의 40%, 거의 절반이 하노이와 호찌민을 중심으로 한 주변에 집중할 것으로 예상된다.

베트남 통계청에 따르면 2020년 베트남 전체의 출산율은 2.12명이다. 경제도시 호찌민은 1.53명이며, 베트남에서 평균연령이 가장 젊은 호찌민 근교 공업도시 빈즈엉은 1.63명이다. 농촌이자 소수민족 집중지역인 꼰뚬은 2.64명, 닷농은 2.61명이다. 북쪽 지방 농촌 디엔비엔 푸도 2.66명이다.

도시화가 1인 가구, 2인 가구, 3인 가구를 유도하면서 도시의 출산율이 감소하는 것이 일반적 현상이다. 그러나 베트남은 전통적인 가족 중심의 생활로 인해 도시화에 따른 출산율이 눈에 띄게 감소하지는 않고 있다. 도시가 농촌에 비해 미세한 감소는 있지만, 농촌의 높은 출산율이 이를 보완해 주고 있다. 베트남은 농촌에도 젊은이가 많은 나라이다. 도시화에 따른 낮은 출산율은 베트남이 젊은 나라를 유지하는 데에 영향을 끼칠 것이라는 전망이 나오지만 아직은 건강한 출산율을 유지하는 편이다.

정리하면 현재 베트남이 젊은 국가를 유지할 수 있는 이유는 1975년 전쟁 종료 이후가 아닌 개혁개방 이후 1987년부터 약 10년간 진행된 베이비 붐 현상과 가족 중심의 생활로 인한 출산율이 안정적으로 유지되기 때문이다.

교육

새 학년을 시작하면 베트남 초, 중, 고등학교 정문 위에 다음과 같은 현수막이 걸린다.

"Học, học nữa, học mãi"
(공부하자, 더 공부하자, 영원히 공부하자)

베트남을 움직이는 또 하나의 힘은 교육이다. 베트남 학생들은 공부를 많이 한다. 나의 가족은 1999년 3월에 베트남에 처음 도착해 주택에서 살았다. 안방 창문을 열면 1미터 정도 간격에 맞은편 집이 있었다. 바로 마주 보고 있는 방은 중학교 1학년생의 방이었다. 한 번씩 부모님과 대학생 언니가 들르기도 했다. 양 가족이 창문을 통해 서로 대화하고 음식을 나누며 이웃으로 지냈다. 처음 사귄 베트남 이웃이었다.

그런데 이 중학교 1학년 학생이 집에 오면 식사하는 시간 외에는 책상에 계속 앉아 있고, 밤 10~11시까지 공부하다 불을 끄는 것을 보았다. 온 가족이 함께 경험한 베트남 한 가정의 중학교 1학년 학생의 생활이었다. 그로 인해 우리 가족에게 남겨진 인상은 베트남 학생들이 상당히 공부를 열심히 한다는 것이었다.

우리 부부는 뜻하는 바가 있어 두 자녀를 베트남 공립학교에 보냈다. 두 자녀가 초등학교를 졸업할 무렵 중학교는 호찌민의 유일한 영재 중학교에 도전해 보기로 했다. 베트남의 최대도시 호찌민 중심가에 '쩐 다이 응이아(Trần Đại Nghĩa)'라는 영재 중학교가 있는데 남부 베트남의 최고 인재들이 모이는 중학교다. 중, 고등학교 과정이 모두 있는 학교는 이곳이 유일하다.

이 학교는 입학시험을 별도로 쳐서 입학하는 학교인데 문학, 영어, 수학 등 전문반이 있다. 두 자녀가 4:1의 경쟁을 뚫고 합격했다. 호찌민에서 이 학교의 교복을 입고 다니면 사람들이 한 번 더 쳐다본다고 한다. 전교에서 외국인은 두 딸 뿐이었다. 이 사실을 안 베트남 3대 일간지 중 하나인 『사이공 해방』신문사 교육 전담 기자가 딸들에 대해 심층취재를 하여 「한국 학생이 베트남 영재 학교를 선택하다」란 제목으로 교육면 전체 기사로 보도한 적이 있었다.

두 딸의 영재 중학교 이야기를 꺼낸 이유는 두 딸을 이 학교에 보내면서 베트남 학부모들의 교육열과 공부를 많이 하는 베트남 학생들을 이해하는 기회가 되었다는 것이다. 매 학기 두 번 학부모 회의가 있는데 거의 의무적으로 참석해야 하는 분위기다. 학부모 회의에서는 담임 선생님이 학생들의 학업 성적에 대해 부모님과 개인 상담을 하기도 한다. 학부모들의 교육열을 느낄 수 있는 시간이다.

이 학교 학생들은 오전 7시에 첫 교시를 시작해서 오후 5시쯤 정규 수업을 마치면 대부분 개인과외를 받거나 학원에 간다. 집에 오면 저녁 9시쯤 된다. 간단한 간식을 먹고 숙제를 하고 12시쯤에 잠자리에 든다. 그런데 7시부터 1교시를 시작하기에 6시 15분쯤에 집에서 출발한다는 것이다. 공부하는 시간이 상당히 많다.

나는 가끔 택시를 타면 택시 기사와 대화를 많이 하는 편이다. 베트남어를 하니까 택시 기사가 먼저 말을 건다. 베트남 사람은 한국 사람이 사생활로 생각하는 부분도 거침없이 묻기도 하고 먼저 이야기도 한다. 나는 사생활 침해라기보다 정감 있고 친화적인 베트남 사람의 성격이라고 생각한다.

베트남 택시 기사와 대화하다 보면 직업과 수입을 묻기도 한다. 나도 택시 기사에 대해 물어본다. 내가 만나본 택시 기사의 대부분이 맞벌이를 했다. 호찌민에서 생활하려면 남자 혼자서 벌어서는 살 수 없다며 부부 수입의 50%가 자녀의 공교육비와 사교육비로 들어간다고 말했다. 남편은 택시 기사를 하고 아내는 공장에서 일하면서도 아들 하나는 학교 수업을 마치면 호찌민에서 가장 비싸다고 하는 영어학원에 보낸다고 한다.

호찌민 한인들의 주거 문화가 2000년대 들어서며 주택에서 아파트로 바뀌었다. 우리 집도 아파트로 거처를 옮겼다. 바로 앞집에는 두 아들과 베트남 부부가 살았다. 자주 인사하고 지내는 편이었다. 이 부부도 맞벌이였는데 두 아들 모두 사립 중학교를 보냈다.

호찌민에는 영어교육과 열린 교육을 강화하는 사립, 초, 중, 고등학교 붐이 일고 있다. 이런 학교에 보내려면 2022년 기준 월 1,500만 동은 학비로 내야 한다. 한화로 월 80만 원 정도 된다. 부모는 못 입고 못 먹어도 아이들에게 좋은 환경의 교육을 제공하려는 부모의 교육열은 결코 한국에 뒤지지 않는 듯하다.

우리 가족이 아파트에 살기 전에 방이 여러 개 있는 주택에 살 때 메콩델타에서 대학 공부 차 호찌민에 온 한 지인의 아들을 집에서 4년간 식구처럼 데리고 살았다. 가정 형편이 넉넉하지 않고 거처할 곳도 없었기 때문이다. 가끔 학비도 지원해 주었다. 이 학생이 대학을 졸업하고 직장생활을 하며 결혼도 해서 지금은 마흔을 막 넘었다. 부부가 맞벌이하며, 딸 하나를 양육하는데 영어교육을 많이 하는 사립

초등학교에 보낸다고 했다. 엄마의 수입은 거의 딸 공교육과 사교육비로 들어가는 것 같았다.

한국의 교육열은 대단하다. 그래서 오바마 대통령도 기회가 있을 때마다 한국의 교육열에 대해서 언급했다는 언론 보도가 여러 차례 있었다. 베트남의 교육열도 결코 한국에 뒤지지 않는 것 같다. 이 교육열은 베트남을 움직이는 또 하나의 힘으로 작용한다.

도대체 베트남의 이 교육열은 어디서 왔을까? 어떤 영향을 받았을까? 그 근원은 무엇일까?

많은 한국 사람들은 베트남의 교육열에 대해 유교문화권의 영향이라고 한다. 틀린 말은 아니다. 전통적인 사회 전체적 교육열의 근원은 유교적 영향일 것이다. 글을 쓰고 문장을 짓는 사람을 우대하는 현상이 고대국가 때부터 있었다. 고등학교만 졸업하고 독학으로 불어, 영어, 중국어, 러시아어, 태국어까지 다섯 개의 외국어를 구사했다고 하는 호찌민은 그의 회의실에 "공부하고 또 공부하며 가르치고 또 가르치라."라는 문구가 적힌 액자를 걸어 놓았다고 1950년 5월 3일에 쓴 그의 글에서 밝혔다. 또 호찌민은 교육자는 임무를 확실히 수행할 수 있도록 언제나 먼저 배워야만 한다고 하며 "배우고, 또 배우고, 늘 배우라."는 레닌의 말을 자주 인용했다.[42]

레닌의 말은 공자의 말을 인용하여 조금 바꾼 것 같다. 동양과 서양의 만남이다. 호찌민은 공자와 레닌의 말에 영향을 받아 자기만의 교육철학을 정립한 것 같다. 새 학년이 되면 볼 수 있는 베트남 초, 중,

고등학교 정문 위의 현수막 문구는 공자와 레닌의 합작품이며, 이 합작품을 자주 인용한 호찌민의 교육 강조가 이 세대에 더 영향을 미치는 것이 아닐까? 베트남의 교육열은 유교와 사회주의 그리고 민족주의가 결합한 교육열이며 오늘날에는 베트남 민족의 현실주의적 성향이 맞물리면서 더 교육에 투자하는 것이라고 생각한다.

통일

베트남을 움직이는 힘으로 앞에서 언급한 세 가지, 여성, 젊음, 교육은 어느 정도 근거와 통계가 있다. 즉 조금만 관심을 가지고 베트남을 관찰하면 인식할 수 있는 것들이다. 그런데 잘 보이지 않는 베트남을 움직이는 또 다른 힘이 하나 있다. 그것은 바로 통일의 힘이다. 이것은 베트남의 자신감이며, 베트남을 움직이는 힘으로 강력하게 작용하고 있다.

베트남은 통일 과정에서 엄청난 희생을 치렀다. 미국을 몰아내기 위해 호찌민이 결사 항전을 외치며 진두지휘했던 그 유명한 1968년의 구정 대공세의 희생과 1969년의 이어진 호찌민의 사망, 이 두 희생이 없었다면 베트남은 아직 통일되지 못했을 것이다.

두 사건은 베트남 민족의 가슴에 통일 의지가 불타오르도록 했고, 세계적으로 반전 여론이 확산되면서 전세가 미국에 불리하게 작용했다. 호찌민은 그의 유명한 작품 『프랑스 식민 체제의 심판』에서 "간사한 프랑스는 베트남을 남과 북으로 나누려고 한다."라며 식민지 분할 지배 정책을 강력히 규탄했다. 인민들에게 수시로 우리는 같은 전통, 같은 언어를 사용하는 한 민족임을 강조했다. 그리고 미국과의 통일 전쟁 기간에도 "우리 베트남은 하나다. 우리 베트남은 한 민족이다. 남베트남은 우리의 혈통이며, 살덩이고, 우리의 동족이다. 강은 마르고 산은 마르지만, 그 진리는 절대로 변하지 않는다."라고 외쳤다.

1968년 구정 대공세 때 베트남의 희생은 엄청났다. 전쟁으로 평가하자면 실패다. 그러나 이 사건으로 인해 전 세계에 베트남을 알렸고, 반전운동이 일어나는 기폭제가 되었다.

베트남은 중국의 방해에도 불구하고 자력으로 통일을 이룩했다. 중국은 낮에는 베트남에 무기를 지원하며 밤에는 미국과 베트남의 통일 저지를 의논했다. 엄청난 희생을 치르며 자력으로 이룬 이 통일의 가치와 의미 그에 따른 통일의 자신감이 이 나라의 지도자들에게 묻어있다. 희생으로 얻어진 통일인 만큼 이들은 통일을 이룬 자신감이 대단하다.

통일 이후, 베트남 정부는 남북의 통합을 위해 다양한 정책을 추진했다. 정치는 집단지도체제로 1인에게 권력이 집중되지 않도록 하였고, 북부, 중부, 남부가 권력을 적절하게 분배하는 방식을 택했다.

따라서 베트남 정치가 안정을 바탕으로 개혁개방을 지속적으로 과감하게 추진할 수 있었다. 미국과 중국 사이에서 통일 베트남의 가치를 높이며 양국으로부터 적극적인 구애를 받으며 국가발전을 꾀하고 있다.

한국은 경제발전을 이루었지만 남북 분단과 북한 핵은 항상 우리를 불안하게 한다. 게다가 당파 간의 극한 대립과 정쟁은 사회 분열을 유발한다.

베트남이 중국 속국 시대를 끝내고 독립 국가를 이룬 10세기 후반부터 오늘날까지 지금처럼 강력했던 적이 있었을까? 세계무대에서 이렇게 베트남이 실력을 발휘했던 적이 있었던가? 이것이 통일의 힘이다. 아니 통일 베트남의 힘은 이제부터 발휘될 것이다. 지금보다 이후가 더 기대되는 베트남이다. 통일을 살아가는 베트남을 보며 통일의 힘을 느낄 때가 많다. 그러기에 더욱 한반도의 통일을 염원해 본다.

Vietnamese

제2부 베트남 사람, 왜 그렇게 행동하는가?

1.
베트남 민족성을 규정짓는 세 요소

삶의 환경 · 민족의 조상 · 경제유형

베트남 대학교에서 강의하면서 강의 시간마다 출석을 부른다. 학생들의 이름과 얼굴을 익히는 목적과 함께 학생들의 참여율을 높이기 위한 것이다. 하루는 출석을 부르는데 한 학생이 친구를 대신해 대답했다. 시골에서 어머니가 호찌민에 오셔서 친구가 시외버스정류장에 마중 나가서 대신 대답을 했다고 한다. 대학생에게 학교 강의가 우선인데 시골에서 어머니가 오셨다고 수업을 빠지고 마중을 나간다는 것이 이해되지 않는 일이었다. 나는 "결석은 결석이다."라고 말했더니 학생들이 좀 의아해하며 쳐다본 기억이 난다.

호찌민은 대중교통이 발달 되어 있지 않고, 시골에 비해 길도 복잡하기에 먼 걸음을 하시는 어머니를 마중 나가는 것이 당연한 정서인데 내가 문화에 대한 이해가 부족한가라는 생각을 한 적이 있다. 시간이 흐르고 도시화가 빠르게 진행되면서 이런 경우의 횟수가 줄어들고 있지만 2022년 현재도 여전히 이런 학생들이 있다.

강의하던 대학교에서 베트남에 있는 한국 기업체 대표자들과 인사관리 책임자를 초청해서 산학 협력 세미나를 개최한 적이 있다. 목적은 기업이 요구하는 인재에 관한 이해의 폭을 넓히기 위한 것이었다.

나는 몇몇 기업체 대표자와 대화하면서 베트남 직원들에 대해 아쉬운 점이 무엇인지 물었다. 들은 대답 중 하나가 높은 초과 수당을 주는데도 정규 근무시간이 지나면 일하지 않고 퇴근한다는 것이었다. 회사 입장에서는 기일 내에 처리해야 할 업무가 있는데 일 처리가 미뤄지는 것 같아 답답하다고 했다.

삶의 환경, 민족의 조상, 경제유형은 한 민족의 민족성을 규정짓는 중요한 요소로 작용한다고 문화인류학 학자들은 이야기한다. 이 세 요소가 베트남 민족성에 어떤 영향을 미쳤을까? 민족성과 일하는 방식은 어떤 관계가 있을까?

베트남의 삶의 환경은 무덥고 비가 많이 내리는 열대 기후와 길고 넓게 흐르는 강과 수많은 호수로 인해 물이 많은 지역이다. 베트남 학자는 베트남 문화를 '물 문화'라고 소개하기도 한다. 이러한 삶의 환경으로 인해 베트남 민족은 근원적으로 물처럼 부드럽고 유순한 민족성을 가지고 있다.

동시에 베트남은 긴 바다를 접하고 있는 반도 국가로 지정학적으로 문명의 교차로 역할도 했다. 베트남은 대륙 문명이 해양으로 진출하고 해양 문명이 대륙으로 진입할 때 만나는 자리이다. 북방 세력이 남방으로 내려오고 남방 세력이 북방으로 올라갈 때 조우하는 자리이다. 동에서 서로, 서에서 동으로 향할 때 지나야 하는 자리이다. 그래서 수많은 외침이 있었던 땅이었다. 지정학적 문명의 교차로인 삶의 환경으로 인해 유순하면서도 저항적이고 생존력이 강한 민족성을 지니게 되었다.

베트남 민족의 조상은 남아시아 채집인과 농업인의 정적(靜的)인 성향을 지녔다. 고대사회부터 먼 곳으로 움직이지 않고 한 곳에 정주하여 마을 공동체를 이루어 살았다. 반도 국가로 긴 해변을 접하고 있으나 바다로 나가는 것을 두려워했고 내륙의 강과 호수 주변에 정착해 살면서 친근감을 중시하는 정(情)의 문화가 발달하게 되었다. 그래서 어떤 문화학자는 베트남 문화를 '정감 문화'로 표현하기도 한다.

베트남의 주요 경제 유형은 벼농사이다. 베트남은 기원전 5,000년 전부터 벼를 재배했다는 증거가 있는 지역으로 한반도의 벼농사보다 시기가 훨씬 앞선다.

15세기 이전에는 베트남인이 주로 북쪽의 비옥한 홍강 주변 평야 지대에서 문명을 형성하며 살았다. 15세기 이후 5단계에 걸쳐 남진하면서 18세기 중엽에 이르러서는 남부의 사이공강과 비옥한 메콩강 주변에도 모여 살게 되었다. 지금도 인구의 60~70%가 남북의 두 평야 지대에 밀집해서 살고 있다. 이러한 삶의 환경은 베트남 사람이 벼 농사를 생업으로 하며 살아오도록 했다. 베트남은 현재 세계 쌀 수출국 2위로 대부분 쌀이 이 두 지역에서 생산된다.

한국과 베트남 모두 벼농사를 오랫동안 해 왔는데, 베트남 사람은 사건 중심적으로 농사했다면 한국 사람은 시간 중심으로 농사를 했다고 할 수 있다. 즉 베트남 사람은 농사를 짓다가 낮잠도 자고 차도 한 잔하며 쉬엄쉬엄했다. 3모작을 하는 베트남은 언제나 기회가 있기에 여유가 있었다.

이러한 삶의 환경과 농사 방식으로 인해 베트남 사람은 여유가 있으며 부드럽고 유순한 성격을 가졌으나 시간과 장소 개념이 명확하지 않은 면이 있다. 원리와 원칙보다도 상황에 따라 순응하고 적응하며 정을 중시하는 삶의 방식에 익숙해 있다.

반면에 1모작을 하는 한국 사람의 벼농사는 그렇지 않았다. 한국 사람이 즐겨 사용하는 "물 들어올 때 노 저어라."라는 말처럼 기회가 왔을 때, 태만함 없이 근면하여 때를 놓치지 않기 위해 열심히 일했다. 혹이나 여름의 자연재해로 인해 가을에 추수하지 못하면 길고 추운 겨울을 배고픔의 고통 속에 지내야 했기 때문이다.

현재 베트남은 도시화가 빠르게 진행되고 있다. 베트남의 최대도시인 호찌민시는 토박이보다 학업, 직장과 사업을 위해 농촌에서 이주해 온 사람들이 더 많다. 대도시에 살고 있으나 여전히 농촌사회의 개념과 정감으로 살아가는 사람들이 많다. 대도시에서 시골 농촌에서나 느낄 수 있는 정감이 있는 베트남 도시 사회가 나는 불편하지 않다. 오히려 더 즐기고 있는지도 모르겠다.

삶의 환경, 민족의 조상, 경제유형은 민족성에 영향을 미치고 민족성은 일하는 방식에 영향을 미친다. OECD 국가 중에서 한국은 여전히 일하는 시간이 많은 상위권 국가에 속한다. 한국 사람은 죽도록 일한다. 한국인은 논을 관리하듯이 무슨 일을 해도 신속, 정확, 근면하게 하는 습관이 있다. 유별난 애사심으로 기업주가 아닌데도 받는 월급보다도 더 열심히 일하는 경향이 있다.

반면 베트남 사람은 굶어 죽지 않을 만큼, 쫓겨나지 않을 만큼 눈치 보며 적당하게 일한다. 받는 월급만큼 일한다. 한국 사람은 이러한 베트남 사람의 일하는 방식에 대해 성실하지 않고, 책임감이 없다고 쉽게 평가하는 경향이 있다.

나는 베트남을 탐구하기 전에는 한국인의 민족성이 베트남 민족성보다 우수하고, 한국의 문화가 베트남 문화보다 우월한 선진 문화인 것으로 인식했다. 그리고 한국인의 일하는 방식과 기업문화가 서구화되어, 더 선진적인 것으로 생각했다.

그러나 지금은 생각이 좀 바뀌었다. 베트남 사람은 삶의 환경에 적합하게 적응하며 유연하게 살아가는 것이다. 한국인보다 더 삶을 즐기며 행복하게 살아가는 것이라 생각한다. 요즘은 시간 중심적으로 살아가며 항상 쫓기며 바쁘게 살아가는 한국인보다 사건 중심적으로 여유를 가지고 살아가는 베트남 사람이 부러울 때도 있다.

지난주에 우리 집에서 베트남 대학생들과 작은 모임 약속을 했다. 아내와 나는 인원에 맞춰 음식을 준비하며 학생들을 기다렸다. 약속 시간보다 일찍 온 학생도 있고 30분이 지나서 온 학생도 있다. 또 갑자기 일이 생겼다며 못 온 학생도 있다. 늦게 온 학생은 비가 와서 비를 피했다가 오느라 늦었고 또 한 학생은 교통 체증으로 늦었다고 한다. 오지 못한 학생은 갑자기 머리가 아파 못 왔다고 한다. 비가 많이 오면 달리던 길을 멈추고 좀 늦게 도착해도 웃으며 괜찮다고 말해주는 베트남 사람의 여유와 관용을 다시 생각한다. 비가 많이 와서, 교통 체증 때문에 늦게 온 학생들에게 웃으며 괜찮다고 말해주는 여유 있는 선생님이 되고 싶다.

2.
건국 신화가 보여주는 문화의 본질

다양성 · 여성의 위상

다양성

베트남 대학교에서 석,박사과정을 공부하면서 베트남 문화의 본질에 대해 토론할 때 '다양성'이란 단어를 수없이 들었다. 교수와 학생 모두 '다양성'이란 단어를 말한다. 한 번은 집에 와서 이런 이야기를 가족들에게 하니 베트남 공립 중, 고등학교에 다니는 딸도 그렇다고 호응했다. 역사, 지리 시간에 선생님들이 베트남 문화에 대해서 가르칠 때 '다양성'을 너무 많이 말한다는 것이었다. 사회에서 일반인들도 '다양성'이란 단어를 한국인에 비하면 매우 많이 사용한다.

한국에 삼국유사가 있다면 베트남에는 『영남척괴』(嶺南摭怪, Lĩnh
Nam chích quái)가 있다. 베트남어 발음은 '린 남 찍 꾸아이'인데,
"Linh Nam(베트남)의 땅에서 기이한 이야기를 선택하라!"라는 의미
로 쩐(Trần) 왕조 후기 즉 14세기 말에 구전으로 내려오던 베트남 전
설과 민담을 편찬한 모음집이다.

이 모음집에는 총 22편이 수록되어 있는데 베트남 민족의 기원
과 신화를 기록한 베트남 최초의 문헌이다. 이 모음집에 베트남 최초
의 국가인 반랑국의 건국 신화가 기록되어 있다.[1] 흔히 락롱꾸언(Lạc
Long Quân, 貉龍君)과 어우꺼(Âu Cơ) 이야기로 통한다.

앞에서도 언급했지만, 『영남척괴(嶺南拓怪)』에 따르면 이 신화의 핵
심은 바다의 종족 락롱꾸언과 산의 종족 어우꺼가 결혼하여 자루(보자
기) 하나를 낳았다. 일부 한국어 번역본에 알로 되어 있으나 베트남어
표현에는 자루(부대)로 표시하고 있다. 그 자루에서 100개의 알이 나
왔는데 모두 건강한 아들로 자랐다는 것이다.

그런데 락롱꾸언과 어우꺼가 서로 맞지 않아 각각 50명의 아들을
데리고 헤어졌다. 그 이후 아버지를 따라 50명은 바다로 가고, 어머니
를 따라 산으로 간 50명 중 가장 힘센 아들이 반랑국을 세우고 훙 브
엉 이라는 왕이 되었다는 이야기다.[2]

하나의 자루에서 100개의 알이 나왔다. 하나이면서 100개이고
100개이면서 하나이다. 베트남은 54개 민족으로 분류하는 다민족 사
회이다. 주 종족인 비엣족 외에 53개의 소수민족이 있다. 그러나 베트

남 사람은 한 포에서 나왔기에 동포라고 말한다.

베트남은 기원부터 다양성을 추구했다. 베트남 건국 신화가 보여주는 문화의 본질은 다양성이다.

이후에 긴 해안선을 따라 남진하면서 중부 참파 제국의 인도 문화를 접하고, 남서부의 남방문화와 접촉하게 된다. 그리고 근현대에 들어서 해안 도시를 통해 서양 문화와도 일찍 접촉하면서 더 다양한 문화를 이루게 되었다.

인문 사회 계통을 공부하는 베트남 대학생들은 1학년 때 『베트남 문화의 기초』라는 교양 필수 과목을 공부한다. 교재도 『베트남 문화의 기초』인데 이 책에서 강조하는 베트남 문화의 기초 중 하나가 '다양성'이다.

베트남 문화에 대해 강의하는 대부분 학자는 '다양성'을 이야기한다. 이 다양성의 연원을 나는 건국 신화에서부터 유래하는 것으로 보고 있다.

한국 사람은 어떤 주제를 토론할 때 통일된 결론을 내리고 싶어한다. 그러나 베트남 사람들은 통일된 결론을 잘 내리지 않는다.

베트남 사람들과 함께 대학원 공부하면서 자주 들은 결론은 "서로 다른 다양한 의견이 많이 나왔다. 이런 의견도 있고 저런 의견도 있다."라는 것이었다. 당시만 해도 그런 토론 문화가 익숙하지 않았다. 유익이 없는 것 같았다.

그러나 지금은 굳이 "통일된 결론을 내릴 필요가 있을까?"라는 생각을 한다. 토론의 과정을 통해 다양한 의견을 이해하고 합리적인 나만의 의견을 가지면 되는 것이거늘.

여성의 위상

건국 신화에서 파악할 수 있는 또 한 가지 중요한 베트남 문화의 특징은 여성의 위상이다. 남성과 여성이 균등하게 50명씩 자녀를 나누어 데리고 갔다는 사실이 남성과 여성의 동등함을 말해준다. 그리고 어머니를 따라간 50명 중에서 강한 자가 베트남 최초 국가의 왕이 되었다는 것은 모계사회의 연원을 보여주는 것이기도 하다. 이것은 베트남 건국 신화에서 보여주는 베트남 문화의 본질로서 남성과 동등한 여성의 위상을 나타낸다.

이후 중국과의 오랜 접촉으로 유교와 중국의 풍습이 전해지면서 희석되는 부분도 있었지만, 베트남식 유교의 정착 즉 유교의 베트남화로 인해 여성의 위상이 그리 많이 약화 되지는 않았다. 오늘날도 베트남은 아시아에서 여성의 위상이 가장 높은 나라로 평가받고 있다.

3.

베트남 사람이 가장 사랑하는 세 단어

독립 · 자유 · 행복

Độc lập · Tự do · Hạnh phúc

베트남 사람은 모든 공문서 상단 중앙에 '독립 · 자유 · 행복'이라는 세 단어를 쓴다. 처음에는 공문서에만 그렇게 쓰는 줄 알았다. 그런데 주택 임대차 계약서에도 쓰고, 대학생들이 과제를 낼 때도 빠짐없이 쓴다. 한 번은 베트남 대학생에게 왜 그렇게 쓰냐고 물었다. 학생은 모든 공식 문서를 작성할 때는 써야 한다고 배웠고 당연히 써야 하는 걸로 알고 있다고 대답했다.

베트남 사람이 일상에서 어떤 몸과 마음의 상태를 표현할 때 자주 사용하는 '토아이 마이(Thoải mái)'라는 단어가 있다. 이 단어의 뜻은 '편한, 자유로운, 즐거운' 등으로 해석할 수 있다. 베트남 사람과 공동체 생활도 해보며 오랫동안 함께하며 알게 된 성향은 베트남 사람은 종속당하거나 압력받는 상태를 싫어한다는 것이다. 급여를 받고 어떤 조직의 직원으로 일하더라도 대가를 받는 만큼 맡은 일을 해주는 것이지 그 일과 직위로 인해 정신적으로 구속받거나 상하 관계를 엄격히 적용하여 지시받는 것을 힘들어한다. 베트남 사람들은 자유와 행복은 독립적일 때 진정으로 보장되는 것이라 느끼는 것 같다. 그래서 틀과 형식을 싫어하고 원칙을 지키는 것에 약한 면이 있다.

베트남 사람들에게 이 세 단어는 오랫동안 일상에서 사용해 오다 보니 주요한 가치 체계이자 삶의 이유가 되었다는 생각이 든다. 1945년 9월 2일 베트남민주공화국의 독립을 선언한 후 1945년 10월 9일자 법령 제50호에서 처음으로 '독립·자유·행복'이라는 3개의 단어가 법령의 첫 페이지 상단 중앙 국명 밑에 기록되었다. 그리고 호찌민이 직접 서명했다. 북쪽의 베트남민주공화국부터 1975년 남북통일 이후 베트남사회주의공화국에 이르기까지 심지어 오늘까지 모든 문서에 이 세 단어를 엄숙하게 써 온 것이다.[3]

베트남 사람은 지난 77년 동안 공문서든 사문서든 문서를 작성할 때 상단 중앙에 이 세 단어를 엄숙히 먼저 썼다. '독립·자유·행복'의 이 세 단어는 호찌민이 처음 사용했으며, 이후 베트남 사람의 가치 체계가 되었다.

호찌민은 가깝게는 중국 쑨원의 삼민주의 영향을 간접적으로 받았으나 멀게는 1428년 명나라의 침략을 대파한 레 러이(Lê Lợi) 왕이 응우옌 짜이(Nguyễn Trãi)에게 쓰게 한 『빈 응오 다이 까오(Bình Ngô đại cáo, 平吳大誥, 평오대고)』의 정신을 직접적으로 이어받은 것이다. 『평오대고』는 동아시아의 대국 중국을 물리치고 중국과 대등한 베트남의 독립선언문이었다. 모든 베트남 중, 고등학생이 문학 시간에 배우고 외우는 『평오대고』의 키워드는 '독립'이다. '평오대고'를 모르면 베트남 사람이 아니라고 해도 과언이 아니다.

호찌민이 남긴 유명한 말 중에 "독립과 자유보다 더 소중한 것은 없다."라는 말이 있다. 1966년 7월 17일 미국과의 전쟁이 한창일 때, 하노이에서 호찌민이 미국을 무찌를 결의를 다지기 위해 전국의 동포와 군인들에게 보내는 글을 써서 낭독했는데 이 글에 있던 문구다. 이 말은 전 국민의 의지와 염원을 반영할 뿐만 아니라 베트남 국민의 원동력이자 힘이 되면서 '불후의 명제'가 되었다. 베트남 곳곳에 이 문구가 적혀있지만, 특별히 한국인이 많이 가는 구찌 땅굴의 사령관실에 가면 앞쪽 벽에 크게 적혀있다. 땅굴 속의 유격대들은 이 짧은 문구에 독립의 의지를 불태우며 죽음을 각오하고 싸웠던 것 같다.

호찌민의 "독립과 자유보다 더 소중한 것은 없다."라는 사상은 심오한 이론적, 실천적, 현대적 가치를 지닌 베트남 사람의 심층적 작동 원리가 되었다.

4.

색깔로 인식하는 베트남 문화

황토색 · 빨간색 · 흰색 · 무지개색

베트남의 바탕색은 동아시아 색깔일까? 동남아시아 색깔일까?

동남아시아 색깔이 바탕색인 줄 알았는데, 자세히 보면 볼수록 동아시아 색깔이 나타난다. 중국 색깔을 진하게 나타내면서도, 한쪽 바탕에서는 인도 색깔이 보이기도 한다. 가끔 프랑스 색깔이 나타나기도 한다. 어떤 때는 무지개 색깔로 변하기도 한다. 그리고 마침내는 베트남 고유의 색깔이 보인다. 베트남 본래의 색깔을 찾는 작업이 여간 어려운 일이 아니다.

황토색

베트남의 자연환경을 생각하면 떠오르는 색깔은 황토색이다. 베트남에는 강과 호수가 많다. 즉 물이 많다. 그래서 베트남 문화를 '물 문화'라고 말하기도 한다. 한국에서 여행객이 오면 자주 가는 곳이 메콩강과 사이공강이다. 하노이의 홍강, 호찌민의 사이공강, 다낭의 한강 그리고 메콩강의 물이 모두 황토색이다. 진할 때는 분홍색으로 보이기도 한다.

지질학에 따르면 비옥한 충적토라서 착색제가 풍부한 고운 토양은 물에 의해 운반되거나 강을 따라 퇴적된다. 바닥의 미세하고 가벼운 입자가 물 흐름에 따라 이동하면서 황토색이 된다. 이 흙에는 식물에 유익한 많은 양분을 함유한 부식질 물질이 많다. 그래서 베트남 강에는 민물 생선이 매우 많고 베트남 사람은 주로 민물 생선을 먹는다. 흙의 부유물의 색에 따라 강물은 노란색(황하) 또는 분홍색(홍강)을 띤다.

베트남의 수많은 강이 황토색이라 십 센티(10cm) 밑도 보이지 않는다. 강 밑에 무엇이 흐르는지 전혀 보이지 않는다. 밑이 보이지 않는 강물이 매우 깊고 넓다. 그래서 때론 무섭기까지 하다.

그런데 나는 가끔 베트남 사람의 마음을 표현할 때 메콩강물 같다고 한다. 속 마음을 잘 표현하지 않고 에둘러 말하는 베트남 사람, 잘 웃고 웃음으로 시작하지만, 끝에는 미소를 감춰버리는 얼굴. 수많은 베트남 사람을 대했지만, 여전히 베트남 사람의 마음은 메콩강물 같다. 속을 잘 모르겠다.

베트남이 도시화가 빠르게 진행되고 있지만, 여전히 농촌인구가 많고 자연 그대로의 환경이 보존되어 있다. 도시를 벗어나면 황토색 자연을 마음껏 즐길 수 있다. 2~3모작을 하는 벼농사로 들판에 황색의 벼가 널려 있다. 들판의 벼도 황색이고 흙도 붉은 황색이며 물도 황색이다. 황색 들판에 촌락공동체가 형성되어 있다. 이 황토색은 베트남 고유의 색깔이다. 전통적 색깔이다. 벼농사를 주 업으로 수천 년을 살아오면서 형성한 촌락공동체의 색깔이다. 베트남 국기를 '황성적기'라고 부른다. 빨간색 바탕에 황색 별이 새겨져 있다.

빨간색

황토색이 베트남 자연환경에서 나온 색깔이라면 베트남 사람의 사상과 사유에서 나온 색깔은 빨간색이다. 베트남 거리를 거닐다 보면 가장 많이 볼 수 있는 색깔이 빨간색이다. 베트남은 관공서, 거리 그리고 개인 집에도 국기를 수시로 걸어 놓는다. 국경일에도 걸고, 남북통일 기념일에도 건다. 심지어 설날 연휴 때도 건다. 동네 반장이 국기를 걸라고 홍보까지 하기도 한다. 국가에서 제작한 각종 선전 포스터들이 시내 곳곳에 입간판으로 걸려 있다. 그리고 호찌민이 남긴 명

언들도 입간판으로 걸려 있다. 이 모든 전시물에 빨간색을 사용한다.

또한 결혼식과 각종 예식에도 빨간색을 사용한다. 설날에 '리시(Li xì)'라고 하는 세뱃돈 봉투도 빨간색이다. 베트남이 빨간색을 좋아하는 것은 중국의 영향과 공산주의 영향이 있을 것으로 추정한다. 또, 베트남 사람은 굉장히 열정적이다. 축구 경기를 할 때 선수들이 빨간색 유니폼을 주로 입고, 응원하는 국민은 빨간색을 동원하고 열정적으로 응원한다. 빨간색은 베트남 사람의 열정적인 성향과 함께 사상 문화인 애국주의, 민족주의, 사회주의, 영웅주의를 나타내기도 한다.

흰색

대부분의 베트남 고등학교에서 여학생이 흰색 아오자이를 입도록 한 규정이 있다. 남학생은 흰색 셔츠를 입는다. 학교에 따라 다르지만, 일주일에 여러 날 혹은 일주일에 하루, 조회하는 날 입는다. 시골길을 가다 보면 하교 시간에 흰색 아오자이를 입고 자전거를 타는 여학생 무리를 볼 수 있다. 참 평화롭고 아름답다.

베트남의 천주교와 개신교 그리고 전통 종교인 까오다이교의 절기 때 많은 신자가 흰색 옷을 입는다. 흰색은 자유와 평화를 상징한다. 흰색 아오자이와 셔츠를 입은 베트남 고등학생들을 보노라면 흰색이 베트남 사람의 원래 색깔이 아닐까라는 생각을 해 본다.

무지개색

　베트남 문화는 무지개색이다. 다양한 색깔이 적절하게 섞여 아름다운 무지개색을 발한다. 베트남은 54개 민족으로 구성되어 있다. 베트남의 저명한 문화학 학자들이 베트남 문화를 이야기할 때 중요하게 언급하는 단어는 다양성, 유연성, 조화성, 종합성, 통합성이다. 베트남 문화는 시작부터 다양성에서 출발했다. 이후 여러 외래문화와 접촉하면서 적극적으로 수용하여 베트남화 하는 능력이 탁월하다. 갈등과 충돌보다는 유연성을 발휘하여 조화와 통합을 이룬다. 프랑스의 바게트를 수용하여 겉은 바게트이지만 속은 베트남식 식재료를 넣어서 먹는다. 커피도 프랑스인을 통해 배웠으나 베트남 음식과 기후에 적합하게 진하고 단 냉커피를 즐겨 마신다.

　베트남의 음식에는 여러 가지 재료를 혼합하는 음식이 많다. 여러 가지 재료를 종합하여 하나의 음식을 만든다. 베트남에 유명한 각종 롤 종류의 음식도 그렇고, 한국인에게 유명한 쌀국수에도 쌀로 만든 국수와 다양한 채소 그리고 고기가 들어간다. 베트남의 토속종교인 까오다이는 여러 종교의 신을 통합해서 숭배한다.

5.
상황 대처 시 쓰는 말

모호성 · 관용성

콩 사오 Không Sao | **헨 쑤이** Hên Xui | **서 서** Sơ Sơ | **뚜이 테오** Tùy Theo

베트남에 대한 탐구는 지역학에 속한다. 지역학에서 공부하는 세 가지 기본 요소가 있다. 첫째는 언어이고, 둘째는 땅이며, 셋째는 사람이다. 땅에 관한 공부는 기후와 토양을 포함한 그 땅의 역사와 문화에 관한 공부이다. 사람에 관한 공부는 그 땅의 역사와 문화의 바탕 위에서 그 땅의 사람들이 어떤 생각을 하면서 어떻게 살아왔으며, 현재 어떻게 살고 있는지 그리고 어떻게 살아갈 것인지 공부하는 것이다.

지역학을 공부하는 궁극적 목적은 그 땅의 사람들과 소통하기 위한 것이다. 함께 일하고 배려하며 함께 살아가기 위해 타자를 이해하는 것이다. 그러므로 지역학은 언어, 역사와 문화 이해의 기반 위에서 사람을 탐구하는 종합적이고 통합적인 학문이다. 그러나 때론 이 지역학이 다른 나라를 침략하기 위해 오용되기도 했다.

일상에서 베트남 사람과 함께 살면서 어떤 상황에 반응하고 대처할 때 베트남 사람이 습관적으로 자주 사용하는 짧은 관용어가 있다. 이 관용어를 통해 베트남 사람의 성향을 이해할 수 있다. 이 관용어의 특징은 모호성과 관용성을 띤다. 베트남 사람은 참 모호하며 너그럽기도 하다. 모호함과 관용이 혼재하여 명확하지 않다. 나는 각계각층의 다양한 베트남 사람과 접촉하면서 파악한, 일상에서 자주 사용하는 관용어를 소개하고자 한다.

콩 사오 Không Sao

"괜찮다. 문제없다. 별거 아니다. 아무것도 아니다. 신경 쓰지 마세요." 등의 뜻을 지니고 있다. 물론 한국 사람도 일상에서 이러한 의미의 관용어를 많이 사용한다. 그러나 베트남 사람은 유별나게 더 많이 쓴다. 대체로 너그러운 측면에서 이 말을 사용할 때가 많지만 가끔 속으로는 문제가 있어도 겉으로는 괜찮다고 말하는 경우도 많다. 베트남 사람은 상대가 불편해하는 직접적 감정 표현을 거의 하지 않으며, 하더라도 에둘러 말한다. 한국 못지않은 체면 문화가 발달하여 공개적으로 창피를 주거나 자존심 상하게 하는 표현을 잘 하지 않는다.

베트남에서 아직은 오토바이가 보편적 교통수단이다. 오토바이를 운행하다 부딪혀서 넘어지면 피가 나고 뼈가 부러지는 큰 사고가 아니면 "괜찮아요?(Không sao)"라고 묻고 답하다가 대충 털고 각자 갈 길을 간다. 한국에서는 보상 청구하고 앰뷸런스 부르며 난리가 났을 터인데. 이렇게 살아가는 베트남 사람들을 보면서 '개념이 없는 것인지, 너그러운 것인지' 생각할 때가 있다.

그러나 이 땅에서 살아가는 연수가 많아질수록 베트남 사람이 너그럽다는 생각을 많이 한다. 한 번은 자동차 운전할 때 후진을 하다가 베트남 사람이 운전하는 차량과 부딪쳤다. 내려서 보니 베트남 사람의 차량이 눈에 띌 정도로 제법 파손되었는데, 내가 외국인 것을 알고는 "콩 사오(괜찮다)"라며 그냥 가라고 하길래 깜짝 놀랐다. 한국에서는 어림도 없는 일이다.

또 한 번은 베트남 사람 운전자가 뒤에서 내 자동차를 들이받았다. 내려서 보니 범퍼에 흠집이 나 있었다. 내가 "어떡하시겠냐?"라고 물으니 베트남 운전자가 "흠집이 조금인데 콩 사오(괜찮아)"라고 말하는 거였다. 나는 안 괜찮은데, "미안하다"라는 말도 먼저 안하고 어처구니 없었지만, 이전의 경험을 떠올리며 씨익 웃을 수밖에 없었다. "조심해서 운전하세요"라고 말하고 그냥 왔던 적이 있다.

우리 집에 매주 베트남 대학생들이 소그룹으로 공부하러 온다. 학생들이 식사 시간 전후로 방문할 때는 나는 식사 했냐고 물어본다. 대부분 학생이 모호하게 답변한다. 밥을 먹겠냐고 또 물으면 "콩 사오"라고 한다. 그런데 음식을 내놓으면 잘 먹는다. 사실은 밥을 안 먹은 것이다. 밥을 안 먹었는데, 먹은 것처럼 모호하게 말한다. 베트남의 체면 문화와 모호함의 민족성이 결합한 습관화된 답변이다.

베트남 사람과 관계를 잘하려면 콩 사오(Không sao)에 감춰진 꼬 사오(Có sao)의 의미를 잘 파악해야 한다. 즉 괜찮다고 말하지만 괜찮지 않다는 감춰진 의미이다. 말 그대로만 믿었다간 베트남 사람의 사랑을 받기 힘들다. 이 땅에서 행복하게 살려면 손님으로서 이 땅의 주인인 베트남 사람의 사랑을 받아야 할 것이 아닌가!

헨 쑤이 Hên Xui

'능력과 상관없는 능력 밖의 일을 맡거나 했을 때 운수에 따라 할 수도 있고, 못할 수도 있다.'라는 의미이다. 따라서 해도 되고 안 해도 괜찮다는 뜻이다. 될 수도 있고 안 될 수도 있다는 뜻이다. 이 관용어는 특히 북부지방보다는 남부지방에서 많이 사용한다.

나는 베트남 사람과 함께 일하면서 가지게 된 습관이 있는데 매사에 확인하는 것이다. 베트남 사람의 모호성과 관용성에 단련된 효과일 것이다. 어떤 일을 맡기거나 부탁할 때 그리고 기한 안에 처리해야 할 일을 베트남 사람과 함께 할 때 "할 수 있겠는지, 답변해 줄 수 있 겠는지, 수리할 수 있겠는지, 완성할 수 있겠는지, 배달이 가능한지" 등을 확인한다. 그럴 때 베트남 사람들은 '헨 쑤이'라고 답변을 한다. 참 난감하다. 뭔가 명확해야 하는 한국 사람의 성격에 '헨 쑤이'라는 답변은 미래를 예측할 수 없다. 그래서 이전에는 '헨 쑤이'라는 답변 을 들으면 조급하고 막막하며 답답했는데 지금은 오히려 여유가 생기 고 느긋해진다.

어떤 사람은 말한다. 현지화해야 하는 것이 있고, 현지화하지 말아 야 할 것이 있다고. 그러면서 이러한 '헨 쑤이'와 같은 상황 대처 문화 는 현지화하면 안 된다고 하는데 나는 꼭 그렇게 생각하지는 않는다. 이러한 생각마저도 '헨 쑤이'해야 하지 않을까.

우리는 시간 중심적으로 일을 처리하고 서구적 방식으로 일하는 것을 선진화되었다고 생각하여 사람을 계발시키려고 했다. 아직은 사 건 중심적으로 일을 처리하며 발전 중인 개발도상국의 나라지만 인간 미가 있는 베트남이 좋다.

서 서 Sơ Sơ

부사로서 '조금, 약간, 간단히, 대충, 대강, 살짝'의 뜻을 지니고 있다. 베트남 사람과 어울려 살면서 많이 듣는 단어 중 하나다. "누구를 아느냐, 얼마나 할 줄 아느냐"라고 물으면 '서 서'라는 부사를 거의 붙인다. 베트남 사람이 주도하여 어떤 일을 분담하거나 일을 맡길 때 또는 상황에 대해 말할 때도 '서 서'를 사용한다.

한국 사람은 어떤 사람에 대해 조금 알면서도 잘 안다고 말하는 경향이 있는데 베트남 사람은 잘 알면서도 조금 안다고 말하는 경향이 있다. 한국 사람은 상급자가 하급자에게 일을 시킬 때 "잘하세요, 정확하게 하세요, 기일 안에 처리하세요."라고 덧붙이는데 베트남 사람은 "대강대강 하세요."라고 한다.

그러나 베트남에 오래 살면서 파악한 '서 서'의 진짜 의미는 '일을 대충 하라'는 의미가 아니었다. 상대를 배려하고 일에 관해 강박을 주지 않기 위한 배려와 격려의 말이었다.

뚜이 테오 Tùy Theo

'상황에 따라 행동한다.', '경우에 따라 대처한다.'라는 의미이다. 베트남 사람이 어떤 일의 예상되는 결과에 대해 말할 때 '뚜이 테오'라는 말을 사용한다. 기일 안에 정확한 결과를 요구하는 일을 할 때는 '뚜이 테오'라는 말이 정말 답답할 때가 있다.

최근에 코로나 상황으로 인해 비자 받는 절차가 까다로워졌다. 코로나 이전에는 비자 발급을 대행하는 서비스 업체에서 필요한 서류를 작성해주고 신청하는 일을 모두 해주었다. 그러나 비자 업무를 출입국관리소에서 엄격하게 관리하면서 외국인이 직접 신청하도록 했다.

호찌민시에서 약 1시간 거리의 다른 도시에 사는 한 지인이 비자 발급에 필요한 서류를 모두 준비하여 호찌민시의 남부 출입국관리소에 비자 신청을 했다. 접수증을 받았고 정한 기일에 비자를 발급한다는 확인서도 받았다. 관공서에서 발급해 준 확인서이기에 의심 없이 약속한 날짜에 출입국관리소를 방문하였으나 비자가 나오지 않았다. 나는 지인과 동행하게 되어 직원이 하는 말을 들었다. "지금 업무 상황이 밀려서 그렇다고 전화번호를 달라."라고 했다. 비자가 나오면 전화 주겠다고.

그 이후 지인은 출입국관리소 직원의 전화를 기다리다 한 주간이 지나도 연락이 없어 먼 거리를 다시 찾아갔다. 역시나 아직 처리가 안 되었다고 하며 전화 주겠다는 말만 되풀이한다. 이게 2022년 6월 베트남 행정의 현실이다. 모든 서류를 갖추어 접수하면 1주일 후에 결과가 나온다는 규정이 있고, 확인서도 받았는데 업무가 밀려 아직 처리가 안 되었다고 하면 그만이다. 그럼 전화라도 미리 해주어야 헛걸음하지 않을텐데.

베트남은 한국 면허증을 베트남 면허증으로 교체해 주는 국제 협약을 맺었다. 단, 비자 기간만큼 허락해 준다. 비자를 갱신하면서 운전면허증도 갱신해야 한다. 서류를 갖추어 운전면허증을 신청하고 확인서를 받았다. 정한 기일에 면허증이 나오니 찾으러 오라는 것이었다. 신청할 때 전화번호도 모든 서류에 여러 차례 기록하도록 해 놓았다. 기일이 되어 면허증을 찾으러 갔다. 아직 처리가 안 되었단다. 전화라도 한 통 해주거나 메시지라도 주었으면 몇 시간을 허비하며 고생하지 않았을 거라는 생각에 기분이 씁쓸했다.

2022년을 살아가는 국제화 시대에 왜 이런 현상이 발생할까? 한국의 행정과 비교해서는 상상도 할 수 없는 일이다. 베트남 사람들은 이런 행정 기관의 대응에 대해 아무런 대꾸도 하지 않는다. 인터넷 사이트에 댓글을 다는 것은 상상도 할 수 없다.

이러한 현상에 대해 묵인하고 감내하는 데는 몇 가지 요인이 있다고 생각한다. 첫째는 '뚜이 테오'라는 베트남 사람의 관용성과 모호성의 습관이다. 오랫동안 일상에서 익숙해 온 상황에 따라 대처해 온 익숙함이다. 둘째는 베트남 관공서의 권위주의 문화이다. 네델란드의 세계적인 문화학자인 홉스테드(Hofstede, G)가 쓴 『세계의 문화와 조직』이라는 책에서 홉스테드는 "권위적인 사회일수록 사람들은 권력의 불평등함을 잘 받아들인다."라고 말한다. 윗사람이 권력을 제멋대로 부려도 밑의 사람들은 그러려니 하고 별 이의를 제기하지 않는다는 것이다. 또 권력이 세지면 거드름을 피우고 허세를 부리는 것을 당연한 것으로 생각한다.[4]

베트남의 고유문화는 그렇지 않으나 통일 이후 일당 체제의 국가주의가 기승을 부리면서 관공서 직원들의 특이한 권위주의가 작동하는

나라로 분류된다. 그런데 이 관공서 직원들이 관공서를 벗어나서 일
반 사회로 나와 가족이나 친구들을 대할 때는 그런 권위주의의 모습
이 별로 보이지 않는다.

6.

수평적 사회

평등 · 동등 · 대등 · 방교

베트남의 수평적 문화 때문에 가끔 당황할 때가 있다. 한국인과 비교할 때 베트남 사람은 윗사람을 편하고 자연스럽게 대하는 경향이 있다. 대학교에서 학생들이 교수를 대하고 직장에서 상사를 대할 때도 그렇다. 별 부담 없이 다가서서 말을 걸고 이것저것 묻는다.

나는 한국인으로서 한국 사회의 뿌리 깊은 수직적 문화에 익숙해져 있다. 사회생활을 하면서 아랫사람과 윗사람을 구분하는 데 익숙하고 아랫사람으로서 지켜야 할 도리에 민감하다. 베트남이 같은 동아시아 문화권이며, 전통 유교 문화의 바탕 위에 현대의 국가주의 사상 문화로 인해 당연히 수직적이며 권위주의 사회일 것으로 생각했다.

그런데 그렇지 않았다. 베트남 사람도 인간관계에서 기본적 예의범절을 중시한다. 그러나 타자와의 관계에서 평등, 동등, 대등의 수평적 의식이 한국보다 훨씬 강하다. 타국과의 외교적 관계에서도 그렇다.

존대법

베트남의 한국어 열풍은 세계 최고이다. 지난 2021년 2월 9일, 베트남 교육양성부는 한국어를 제1외국어로 확정하고 각 초, 중, 고등학교에서 한국어를 제1외국어로 선택할 수 있도록 허용한다고 공식 발표했다. 그리고 공문 발표일로부터 10년 동안 시범 운영한다고 덧붙였다. 각 초등학교 교장은 3학년부터 한국어를 개설할 수 있다. 베트남 전국에 약 30여 개 대학교에 한국어 관련 학과가 개설되어 있는데, 이제는 초, 중, 고등학교에서도 공식 과목으로 개설하게 되어 한국어 학습자가 더 증가할 것으로 예상된다.

그런데 베트남 사람이 한국어 학습에서 어려워하는 부분 중 하나가 한국어의 존대법 사용이다. 한국에서는 존대법이 다양하게 드러난다. 문법적으로도 세 가지 존대법이 있다고 한다. 주체 존대, 상대 존대, 객체 존대이다. 이 중에 상대 존대는 어미를 변화시켜 표현하는데 베트남 사람들은 이것을 정말 어려워한다.

일상에서 많이 사용하는 '먹다'라는 말은 '먹어라, 먹어, 먹지, 먹게, 먹게나, 먹어요, 먹으시죠, 먹으오, 먹으십시오, 드시죠, 드세요, 드십시오, 잡수시죠, 식사하시죠, 진지 드세요.' 등으로 상대방에 따라 매우 다양하게 사용한다. 존대법을 제대로 이해하지 못한 나이 어린 베트남 사람이 한국어로 "밥 먹어"라고 말할 때는 웃어야 할지, 울어야 할지 당황스러울 때가 있다.

한국어는 윗사람과 아랫사람을 구분하고 그에 따라 사용하는 단어가 매우 수직적이다. 베트남어도 존칭어가 있다. 그러나 한국어에 비하면 단순하다. 한두 가지 규칙만 지키면 된다. 문장의 끝에 특별한 단어 '아(ạ)'를 붙이기만 하면 된다. 이러한 존대법을 비교해보면 베트남 사회가 얼마나 수평적인지 느낄 수 있는 것 같다.

호칭

한국의 대학생들은 선후배 사이에 오빠, 형, 누나, 언니의 호칭보다 선배, 후배라는 호칭을 더 많이 사용한다. 직장에서는 대리, 과장, 부장, 팀장, 사장 등의 직명을 부른다. 그리고 직명 뒤에 '님'자를 꼭 붙여야 한다. 사실 언어적으로는 정확하지 않은 표현이다. 이러한 것은 직명이지 호칭이 아니기 때문이다. 한국 사회의 권위주의와 수직 사회의 한 단면을 보여준다. 대학교에서 학생들이 선생님이라고 부르지 않고 교수님이라고 부른다. 교수는 호칭이 아니라 직함이다. 한국 사회에서는 직함을 불러야 더 존중받고 높아 보이는 기이한 현상의 수직적 사회다.

베트남에서는 대학교에서 선후배 사이에 오빠, 형, 누나, 언니라고 부른다. 직장에서도 직급을 부르지 않고 오빠, 형, 누나, 언니라고 부른다. 나이가 좀 많은 상급자에게는 아저씨, 삼촌이라고 부르기도 한다. 최고 지도자, 사장은 셉(sếp)이라고 부른다. 이 말은 프랑스의 chef에서 온 말이다. 최고 지도자 외에는 직급을 부르지 않고 가족관계에서 사용하는 수평적 관계의 호칭을 사용한다.

촌락 중심의 민주적 공동체

"왕의 법은 촌락의 관습에 진다."

(Phép vua thua lệ làng)

촌락의 관습이 왕의 법보다 더 가치가 있고 우선이라는 의미이다. 평등과 동등 그리고 대등을 넘어선 가치이다. 전통적인 촌락의 문화적 가치와 관습에 대한 존경심을 표현한 속담이다. 베트남 사람이 일상에서 흔히 접할 수 있는 꽤 친숙한 속담이다. 베트남 문화에 대한 담론 때 연구가, 학자, 교수들에 의해 자주 인용되는 속담이다. 고등학교 이상의 교육을 받은 베트남 사람이라면 누구나 알고 있는 속담일 것이다.

왕의 법은 최고의 행정 규정이다. 촌락의 법은 하위법이다. 그러나 촌락의 법은 오랫동안 촌락 주민의 정신세계와 일상에서 함께해 온 마을의 문화 관습이다. 왕의 법은 수직적 개념이지만 촌락의 관습은 관계 중심의 민주적 공동체의 혼이 담겨있다. 그래서 힘이 있다.

왕의 법은 왕이 바뀔 때마다 바뀌는 한시적이고 인위적인 법이지만 촌락의 관습은 오랜 세월과 관계 속에서 자연성과 지속성을 가지고 있다. 왕의 법은 의무와 벌칙을 연상하게 하지만, 촌락의 관습은 자발성과 자부심을 불러일으키는 수평적, 민주적 문화 본질이다.

그래서 사람들은 왕의 법보다 촌락의 관습법에 대해 더 강한 애정을 보인다. 이것은 할아버지부터 손주에게까지 자연스럽게 계승된 삶의 양식이다. 왕의 법과 마을의 관습 사이에 긴장과 충돌이 발생할 때 사람들은 마을의 관습을 더 중요시한다. 이 수평적 대등 관계로 형성된 촌락의 이웃은 혈연보다 더 가까운 사이이다. 그래서 베트남은 한국처럼 가문 중심의 공동체로 발전하지 않고 촌락 중심의 공동체로 발전했다.

유교의 수평적 발전

유교를 연구하는 학자들은 중국, 한국, 베트남을 3대 유교 국가로 본다. 한국은 중국의 유교를 적극적으로 수용하여 사대와 소중화의 개념을 정착시켰고 유학의 학파를 형성하였다. 베트남은 중국의 유교를 절충적으로 수용하여 베트남화하였고, 학파를 형성하지 않았다.

따라서 한국의 유교는 명분을 중시하며 깊고 넓게 발전하였고, 베트남의 유교는 현실화하며 단순화되었다. 사회 관계적 면에서 한국의 유교는 수직적 사회를 형성하였고 베트남의 유교는 수평적 사회로 발전하였다.

방교 邦交 의 전통

'방교'의 사전적 의미는 나라와 나라 사이에 맺는 외교관계이다. 상하 개념은 존재하지 않는다. 베트남 왕조의 중국과의 관계사에 대한 베트남 자료는 '방교'로 기록했다. 특히 베트남의 마지막 왕조인 응우옌 왕조는 방교의 개념을 더 명확히 했다. 중국과의 관계사에서 한국 역사는 '사대'로 기록했지만, 베트남 역사는 '방교'로 기록했다. 유인선 교수는 그의 저서 『베트남과 그 이웃 중국』에서 방교에 대한 사실은 1819년 레 통(Lê Thông)이 편찬한 방교록을 보면 알 수 있다고 언급했다.

베트남 역사 학계에서 중국과의 방교 관계 연구에 권위가 있는 응우옌 테 롱(Nguyễn Thế Long)에 따르면 독립왕조 초기인 10세기 말부터 19세기까지 베트남 방교 의식의 원칙은 "국내에서는 황제라고 자칭하고 국외에서는 국왕이라고 자칭한다(trong xưng đế, ngoài xưng vương)."라는 것이었다.[5]

10세기 말부터 베트남의 중국에 대한 외교 정책은 중국과 동등하며 대등함을 추구한다는 의미를 지닌 방교(邦交)라는 개념으로 확립되었다. 명나라와 전쟁에서 승리하고 독립한 기쁨과 영광을 전국에 널리 알리기 위하여 레 러이 왕은 대문호 응우옌 짜이에게 글을 쓰게 했다. 응우옌 짜이가 쓴 『평오대고(Bình Ngô đại cáo, 平吳大誥)』의 시(詩)문은 대중 방교 의식을 상기시켰다.

> "우리 다이 비엣 국은 진실로 문명화된 국가이다. 산천의 경계가 다르고 남북의 풍속 또한 다르다. 우리는 찌에우 다 · 딘 · 리 · 쩐이 개국할 때부터 한 · 당 · 송 · 원과 더불어 각각 그 나름의 영토에서 황제를 칭하고 다스려왔다."

전국에 널리 반포한 『평오대고(平吳大誥)』를 통하여 레 왕조(黎朝)는 베트남의 독립 정신과 평등 의식에 기반하여 북방을 다스려 온 중국의 각 왕조와 남방을 다스려 온 베트남의 각 왕조를 대등한 위치로 명확하게 재정의했다. 즉, 북에는 중국이 있고 남에는 베트남이 있다는 점을 강조한 것이다.

외교관계에 있어 베트남은 중국에 대해 철저히 수평적 관계를 유지하려고 했다. 이와 같은 모습은 오늘날에도 베트남 외교관계에서도 그대로 드러나는 듯하다. 경제적으로 우월한 우리나라와 다른 나라를 대할 때 공적 원조를 받고 도움을 받는 자리라고 해도 베트남은 굽신거리거나 기죽지 않는다.

7.

강한 생존력

저항・물

강의실에서 베트남 대학생들에게 "역사란 무엇인가"라고 물으면 대다수 학생이 "전쟁"이라고 답변한다. 이 답변은 나에게 많은 생각을 하게 했다. 베트남 역사 서술의 키워드는 "저항"이다. 오랜 전쟁의 역사에서 형성된 그들의 역사의식이다. 수많은 전쟁에서 베트남 사람이 보여준 단결을 통한 저항 정신은 독보적이다. 중국, 몽골, 프랑스, 미국, 일본, 캄보디아와 수많은 전쟁을 치렀다. 참으로 강한 생존력을 지닌 민족이다. 20세기에 발발한 프랑스와의 독립전쟁, 미국과의 통일 전쟁에서 보여준 베트남 사람의 생존력은 세계 최고일 것이다.

나는 베트남 사람을 대하면서 규범적, 도덕적 잣대로 그들을 평가할 때가 많았다. 그러나 베트남의 역사와 문화를 좀 더 깊이 공부하면서 규범적, 도덕적 잣대로 평가하는 것을 보류했다. 베트남 사람의 사유와 행동을 보면서 생존본능에 근거한 전략적 행동일 수 있다고 생각했다. 그럴 때 가치 평가를 보류하게 되었다. 베트남 역사와 문화는 수많은 외침과 내전을 통해 저항의 전략적 선택 결과로 진화되어왔다. 그들의 지독한 저항은 개인, 가족, 민족의 생존을 위한 합리적 선택이었다.

저항

베트남의 이미지는 저항과 고난 그리고 승리다. 전통적인 동아시아의 강국 중국은 베트남을 조심한다. 지난 2천 년 동안 수없이 침략했지만, 베트남을 완전히 굴복시키지 못했다. 1979년에도 탱크를 앞세우고 베트남의 버릇을 고치겠다고 진격했지만, 창피만 당하고 철수했다. 20세기 베트남은 프랑스, 미국, 중국을 차례로 물리쳤다.

베트남의 강한 생존력은 저항 정신에서 시작한다. 이 저항 정신은 중국의 지배와 침략으로부터 나와 우리 가족, 우리 마을과 우리나라를 지키고자 하는 지극히 단순한 동기와 목적에서 출발했다. 명나라 때부터 1975년 국가통일 때까지 총 15차례의 큰 외침을 받았는데, 그중에 열 한 번이 중국의 침략이었다.[6]

20세기에는 30년 동안 전쟁을 치렀다. 프랑스와의 식민지 전쟁은 민족해방의 저항 정신으로 계승되었고 미국과의 통일 전쟁은 조국 통일을 위한 저항으로 승화되었다. 미국과의 전쟁이 끝난 후 중국이 또 베트남을 침공했다.

2천 년간 끊임없이 발휘된 이 저항 정신은 베트남 사람의 전략이 되었고 민족성이 되었다. 겉으로는 유순해 보이지만 건드리면 작동하는 저항 정신이 몸에 배어 있다. 이 저항 정신은 요란하지 않고 베트남의 황토색 강물처럼 그 속이 보이지 않으며 유유히 흐른다.

팜 반 동(Phạm Văn Đồng)과 보 응우옌 잡(Võ Nguyên Giáp)은 호찌민의 최측근이었다. 팜 반 동은 호찌민 곁에서 24년간 총리를 지내며 행정을 책임졌다. 보 응우옌 지압은 국방부 장관으로 전쟁을 책임졌다. 지압 장군은 유명한 말을 남겼다.

> "호찌민 정신을 따라 단결하고, 저항 의지를 기를 줄 아는 지도자와 국민은 어떤 위기도 극복한다."

물

대학원 수업 시간에 베트남 교수님께 "베트남 문화를 한 단어로 압축하면 어떤 단어로 표현할 수 있겠습니까?"라고 물었다. 그 교수님은 "물"이라고 답변했다. 왜 물일까? 자연 환경적으로 베트남에는 물이 많다. 긴 해안선과 수많은 강과 호수로 이루어진 지형 때문이다. 게다가 우기 6개월간은 거의 매일 비가 내린다. 자연적으로 물과 관련된 동, 식물도 많고 물과 관련된 운송 수단도 발달해 있다. 기나긴 베트남 전쟁 기간에도 물을 이용한 수많은 전략을 이용했다.

베트남에서 사람들이 가장 집중해서 사는 지역은 홍강 주변과 사이공강 주변 그리고 남서부 메콩강 주변 지역이다. 하노이를 중심으로 홍강이 흐르는 주변에 약 2천만 명, 호찌민을 중심으로 사이공강이 흐르는 주변에 약 2천만 명이 모여 산다. 그리고 메콩강이 흐르는 주변으로 2천만 명이 산다. 이 강들 주변에 주요 도시가 형성되었다. 그래서 베트남 사람들은 물과 함께 살아간다고 해도 과언이 아니다. 수많은 강의 지류로 인하여 베트남 사람들은 언제 어디서나 물과 함께 살아왔다. 강에서 물을 길어 마시고, 빨래하고, 목욕하고, 물고기 잡고, 집마다 조그만 조각배를 타고 다닌다.

베트남 문화가 "물" 문화라는 의미는 단순히 자연환경적 물만을 의미한 것이 아니었다. 물이 가진 특성과 저항력도 의미하는 것이었다. 물은 유연하고 부드럽지만 강하다. 물은 높은 곳에서 낮은 곳으로 끊임없이 흐르며 더 넓은 바다로 나아간다. 때로는 장애물과 지형의 영향으로 물줄기를 바꾸기도 한다. 부딪치는 장애물이 있으면 시간이 걸려도 돌아 돌아 바다로 나아간다. 물은 낮은 점성도로 인해서 외부의 힘을 빌리지 않고 세포와 미생물들에 의해서 분자들이 흩어지고 외부로 이동할 수 있다. 이런 특징 때문에 물은 생명의 근원이 된다. 물의 이런 특징이 없으면 생명체는 살 수가 없다.

물에서 베트남 사람의 저항 정신을 본다. 부드럽고 여유를 가지면서 수많은 장애물을 지나 바다로 흘러가는 베트남 사람의 저항 정신. 그 저항 정신이 오늘의 베트남을 만들었다.

8.
철저한 현실주의자

"베트남인들은 현실주의자들이다.
과거는 과거고, 현재는 현재라는 생각이 뿌리 깊은 사람들이다."
(서울대학교 인류학과 명예교수 전경수)

위의 말은 서울대 인류학과 전경수 명예교수가 1993년 베트남 현지 연구 후 그해 4월 30일에 출판한 『전경수의 베트남 일기』 후기에 기록한 문장이다.

2007년 2월 문화체육관광부 산하 공공기관인 문화예술위원회(ACRO)가 베트남 중부 중심도시 다낭과 마지막 왕조의 고도 후에에서 『나라 음악 큰 잔치』 공연을 개최했었다. 다낭에서 2회, 후에에서 1회 공연을 했는데 공연은 베트남 국영방송(VTV)으로 전국에 생중계되었다. 공연 때마다 문화예술위원이자 나라 음악 큰 잔치 위원장의 인사말이 있었고, 베트남 기관을 방문할 때도 인사말 통역을 했다. 공연 일정 중에 다낭시의 충혼탑에서 한국 예술인들이 베트남 전쟁 때 숨진 베트남인 전몰자들의 넋을 위로하는 공연이 있어서 그런지 인사말을 할 때마다 위원장께서 베트남 전쟁에 한국군의 참전 이야기를 언급하며 유감의 뜻을 표했다. 두 번째 공연 시작 전에 베트남 기관 측에서 통역자인 나에게 위원장께서 전쟁 이야기를 또 하시면 자연스럽게 생략해 달라는 요청을 해왔다. 전쟁 이야기가 국영방송을 통해 생방송으로 나가는 것이 부담스러웠던 것이었다.

2022년 주베트남 대한민국 한 공관에서 한-베 역사 포럼을 개최했었다. 양국 학자와 외교부 고위 관료들이 참석했었다. 한국 측 발제자들이 베트남 전쟁에 관한 언급을 하자 베트남 측 인사가 베트남 정부의 정책은 "과거는 잊고 미래로 나아가자."라며 전쟁 이야기에 대한 자제를 간접적으로 요청했다고 한다.

왜 베트남 측은 베트남 전쟁에 대한 언급을 부담스러워했을까? 한국 측에서 한국군의 베트남 양민 학살과 국가적 배상에 관한 언급을 하는데도 왜 불편해하는 것일까? 베트남 정부가 개혁개방을 시작하면서 공포한 "과거는 잊고 미래로 나아가자."라는 방향성에 맞지 않기 때문일까?

큰 이익을 생각하는 현실주의 때문이다. 베트남 전쟁에 대한 언급 즉, 한국군 양민 학살 문제와 한국 정부의 배상 문제가 공론화되면 양국 관계에 긴장이 발생할 수 있다. 이 문제는 오랜 시간이 소요되지만 별 소득 없이 끝날 수 있는 소모전이 될 수 있다는 것을 베트남은 안다. 또 베트남 전쟁의 주 채무자는 미국이며, 한국은 용병이라는 것이 베트남 정부의 관점이다. 결국 베트남이 전쟁의 공식 사과와 민간인 피해 배상 문제를 공론화할 경우 그 주 대상은 미국이 된다는 것을 베트남은 인식하고 있다.

베트남은 종전 후 10년간 세계와 고립되었고, 절대빈곤 상태를 벗어날 수 없었다. 왜냐하면 미국이 베트남에 대해 강력한 금수조치를 취했고, 베트남 정부는 사회주의 계획경제를 남베트남에도 전면적으로 시행했기 때문이다.

베트남은 먹고 살기 위해 개혁개방을 단행할 수밖에 없었다. 먹고 살기 위해 서방 세계와 무역협정을 맺었고 급기야는 미국과도 무역협정을 맺었다. 먹고 살기 위해 한국의 자본을 베트남으로 적극적으로 끌어들였다. 2007년 WTO 가입 이후 미국과도 관계가 급속도로 발전했다. 클린턴에 이어서 오바마 대통령도 베트남을 방문했다. 오바마 대통령은 중국 방어용 무기와 각종 경제 지원을 약속했다.

베트남 공산당 내에는 전통적 친중파와 새롭게 형성된 친미파가 있다. 두 계파 사이에 긴장이 발생하자 베트남이 당당하게 큰소리치며 살길은 미국과 중국 사이에서 적절한 세력 균형을 유지하는 것이라며 중간적 입장을 주장하는 계파도 생겼다.

베트남 외교 정책의 핵심은 다변화이다. 모든 국가와 친선관계를 유지하되 어느 국가와도 동맹하지 않는 정책을 펼치고 있다. 지극히 현실주의적인 외교정책이다. 이러한 외교 다변화를 추진하는 가장 큰 배경은 경제를 발전시키면서도 중국의 위협으로부터 안보를 지켜야 하는 이중적 압박 때문이다. 오랜 역사 속에서 강대국들을 상대하며 배우고 익힌 현실적 생존법이다. 이 현실주의는 오랜 역사와 문화 속에서 축적된 베트남인의 본능적 감각이다.

9.

위협적이진 않으나 다루기 어려운 사람

"베트남을 오랫동안 연구해 온 중국인 학자들은
베트남 사람을 고양이에 비유합니다.
위협적이진 않으나 다루기가 상당히 어렵다고 합니다."

앞에서 이야기한 고양이 비유를 한 번 더 다른 관점에서 접근해 보려고 한다.

어떤 영역에서 어떤 일을 하든지 베트남에서 의미 있는 결실을 거두기 위해서는 현지화해야 한다는 생각을 많이 했다. 현지화해야 할 것이 있고 현지화하지 말아야 할 부분이 있긴 하다. 베트남어를 공부하고 베트남 음식을 즐겼다. 다양한 지역의 다양한 계층의 사람들과 접촉하며 인맥을 쌓았다. 베트남어의 효과적 습득과 현지 일상 문화 이해를 위해 현지 대학생 여러 명과 함께 약 7년간 공동체로 살았다. 하루 한두 끼를 함께 식사하며 다양한 대화를 나누었다.

우리 부부는 한국 사람이지만 100% 한국인, 100% 베트남 사람을 꿈꾸며 두 자녀를 어릴 때부터 베트남 유아원에 보냈다. 현지화의 중요한 실천이라고 생각했다. 두 자녀가 부모의 취지를 잘 이해하고 따라주어 초, 중, 고등학교 과정 12년을 베트남 공립학교에서 무난히 마쳤다. 두 자녀가 베트남 학교에 다니는 동안 학교 선생님들이 엄마가 베트남 사람이냐고 자주 묻기도 했다.

베트남을 깊이 알고 싶어서 현지화를 시도했고 그 현지화의 핵심은 베트남 사람을 이해하는 것이었다. 그들의 사유 세계 즉 세계관을 이해하는 것이었다. 그런데 베트남 사람을 이해하고 속마음을 파악하기가 여간 어려운 일이 아니었다. 베트남 사람의 정서는 한국 사람의 일반적 정서와는 달랐다.

베트남 사람에 대한 이해에 어려움을 겪고 있을 때, 한 학술대회에서 베트남 사람에 관한 중국 사람의 생각을 들을 기회가 있었다. 중국 사람은 약 2천 년 이상 베트남과 접촉하며 때론 침략과 지배로 가까우나 먼 이웃이었다. 베트남에 대한 가장 많은 자료를 축적하고 베트남을 가장 잘 아는 국가는 중국이었다.

나는 중국인 학자에게 중국인 학자의 베트남에 대한 일반적 평가에 관해 물었다. 그 중국인 학자는 "베트남을 오랫동안 연구해 온 중국인 학자들은 베트남 사람을 고양이에 비유합니다. 위협적이진 않으나 다루기가 상당히 어렵다고 합니다."라고 답변했다.

나는 이 말을 듣는 순간 그동안의 의문이 사라졌다. 나의 궁금증과 어려움에 대한 공감을 얻은 기분이었다. 중국 사람이 베트남 사람을 왜 고양이에 비유했을까? 그 이후 고양이의 특성에 대한 자료를 더 찾았다. 고양이의 많은 특성이 내가 경험한 베트남 사람과 유사했다. 고양이는 호랑이 과에 속하지만 덩치가 작아 위협적이진 않다. 얼굴은 호랑이 형상을 닮았으나 몸은 그렇지 않다. 사람을 먼저 물거나 해치지 않는다. 그러나 고양이를 길들이기는 매우 어렵다고 한다.

왜 중국 사람은 베트남 사람을 고양이에 비유하며 위협적이진 않으나 다루기 어려운 민족이라고 평가했을까? 왜 나도 부분적으로 동감했을까? 우월의식이 잠재해 있었던 것은 아닐까? 베트남 사람을 다루려고 하는 경향이 나에게 있었던 건 아니었을까? 여러 생각에 잠겼다.

우월의식을 내려놓고 베트남 사람들을 다루려고 하는 경향을 없애기 위해 노력했다. 한국인의 규범적, 도덕적 판단을 보류하고 베트남 사람을 존중하기 위해 힘썼다. 베트남적 현상을 이해하고 베트남적 가치를 존중하고자 했다. 베트남인이 이 땅의 주인이고 나는 손님이라는 표현을 적극적으로 했다. 그들이 느끼도록 했다. 그러자 베트남 사람이 다르게 보이기 시작했다. 베트남 사람이 나에게 신뢰를 보내주고 더 적극적으로 마음으로 협력한다는 느낌이 들었다.

상대방에 대해 우월감을 가지고 상대방을 다루려고 하면 상대방도 그런 나의 마음을 금방 느끼고 알아챈다. 특히 베트남 사람은 더 촉이 빠르다. 우월감을 내려놓고 동등하고 대등한 파트너로 대한다면 편안한 관계가 될 수 있다는 것을 요즘 체험하고 있다.

10.

베트남 사람의 일하는 방식

베트남에서 기업을 운영하는 한국인들이 베트남 직원들에 대해 내리는 평가는 대체로 부정적이다. 애사심이 약하고, 책임감이 매우 낮으며, 이직이 잦다고 말한다. 높은 수당에도 불구하고 연장 근무를 싫어하고, 받는 만큼만 일한다고 한다.

자연환경, 민족의 조상, 경제 유형은 국민성 형성에 직접적인 영향을 미치지만 일하는 방식에도 영향을 미친다. 한국과 비교하여 베트남 사람의 일하는 방식을 정리하면 다음과 같다.

첫째, 한국 사람은 죽도록 일하나 베트남 사람은 적당하게 일한다. 둘째, 한국 사람은 시간 중심적으로 일하나 베트남 사람은 사건 중심적으로 일한다. 셋째, 한국 사람은 성과중심주의로 일하나 베트남 사람은 관계 중심주의로 일한다. 넷째, 한국 사람은 상급자와 하급자의 수직적 관계에서 일하나 베트남 사람은 동료의 수평적 관계를 추구하며 일한다. 다섯째, 한국 사람은 일에 대해 긴장감을 갖고 일하나 베트남 사람은 일에 대한 긴장을 매우 싫어한다. 여섯째, 한국 상사는 실수했을 때 화를 잘 내고 큰 소리로 말하나 베트남 상사는 화를 내지 않고 조용히 말한다.

이상의 한국 사람과 베트남 사람의 일하는 방식의 비교는 대학 졸업 후 한국 기업체에서 일하는 베트남 제자들의 인터뷰를 통해 정리해 본 것이다.

한국 사람과 베트남 사람은 일하는 방식이 다르다. 먼저 이 다름에 대한 규범적 가치 판단을 보류할 필요가 있다. 다른 것이 틀린 것은 아니기 때문이다. 그리고 한국 기업인들이 느끼는 부정적 요소들을 극복하기 위해서는 성취에 따른 대가에 대해 단계별 로드맵을 보여주며 끊임없이 동기를 부여해야 한다.

그러나 여전히 드는 의문은 "베트남 사람의 일하는 방식이 비효율적이라고 평가하고 일하는 방식의 개선을 위해 베트남인을 개발하려고 하는 것이 옳은 것인가?"라는 것이다. 베트남 사람 속에 잠재된 능력과 가치를 인정하고, 그들의 필요에 적절하게 반응할 순 없을까?

Vietnam-Korea
제3부 베트남이 한국과 닮았다고?

1.
베트남 문화에 대한 한국인의 인식 변화 과정

우월성 · 유사점 · 유사점 속에서의 차이점

우월성

베트남 전쟁 전후 한국인은 베트남 문화에 대해 어떻게 인식했을까? 베트남 전쟁 기간 한국 사회 전체가 베트남과 직, 간접적으로 접촉했다. 1964년 첫 파병 이후 1973년 철수까지 한국 사회 최대 이슈는 베트남 전쟁이었다. 베트남 전쟁 기간에 한국에는 '월남'이라는 관형사가 유행했었는데 싸구려 안 좋은 것에 붙였다는 것이다. 월남특수도 긍정적 의미 같지만, 실제는 남의 나라 전쟁을 통해 특별한 큰 이익을 봤다는 부정적 의미가 내포되어 있다. 이 기간에 형성된 베트남에 대한 표상 체계는 전쟁 이후에도 한국인의 베트남 인식에 큰 영향을 미쳤다. 이러한 베트남에 대한 표상 체계를 지닌 채 1992년 한국은 베트남과 정식 외교관계를 체결했다.

1986년 '도이머이'정책으로 개혁개방의 가속페달을 깊게 밟고 있던 베트남은 적극적으로 한국 자본을 베트남으로 끌어들였으며, 베트남인 또한 한국의 노동시장, 한국 남성과의 국제결혼과 한국 유학으로 한국에 대거 진출해 있다.

그러나 한국 내에서의 베트남인들의 생활도 다른 외국인 노동자들처럼 여러 가지 어려움 속에 처해있다. 그 어려움은 문화적 차이점으로 인한 한국인들의 베트남인들에 대한 차별의식에 기인한 것이라 볼 수 있다. 한국인은 우월한 것과 열등한 것을 구분하고 인식하는 경향이 많다. 한국인의 배타주의와 차별의식은 단일민족의 한계와 혈통을 중시하는 한국문화의 부정적 현상으로서 '다른 것을 열등한 것으로 인식'하는 한국인의 문화적 심상 지리(Imaginative geography)라고 할 수 있다.

베트남 전쟁 이후 한국인의 베트남에 관한 인식은 주로 미국의 베트남 인식을 통해 형성되었다. 특별히 왜소하면서도 잔인한 베트콩에 대한 인식은 한국인의 직접적인 인식이라기보다는 미국을 통해 전해진 인식이다. 아메리칸드림으로 미국을 열광하던 시대에 미국과 동일하게 베트남을 적으로 인식하는 한국의 베트남 인식은 매우 자연스러운 것이었다. 미국의 대중문화에 의해 형성된 열등하고 부정적인 베트남 문화 인식은 한국이 베트남과 정식 외교관계를 체결하기 전까지 한국인의 베트남 인식 형성에 가장 많은 영향을 끼쳤다.

베트남에 대한 부정적 인식이 1985년 황석영이 베트남 전쟁을 통해 분단의 모순과 이데올로기 문제에 객관적 시각으로 접근한 장편 『무기의 그늘』을 발표하면서 새로운 인식의 국면을 맞게 된다. 미국에 의해 형성된 베트남에 대한 부정적 문화 인식을 냉정하게 인정하고 베트남을 객관적으로 인식하려 했던 황석영의 작품은 서로 다른 것을 우월과 열등으로 전환 시키지 않는 공존의 상상력을 제공했다고 평가할 수 있다.[1]

이어 1987년 6.10 민주화 운동으로 인한 과거 역사 인식의 전환과 1992년 한국과 베트남 정식 외교관계 수립은 한국과 베트남 관계에서 유사점을 강조하는 대전환을 맞이하게 된다.

유사점

1992년 정식 외교관계 수립 이후 외교관, 기업가, 연구자 사이에서 한국과 베트남 문화의 유사점이 언급되기 시작했다. 특별히 2001년 외교관계 단계 중 베트남과 포괄적 동반자 관계를 체결한 이후 지금까지 유사점의 강조는 시간이 흐를수록 심화하였다. 왜 유사점을 강조했을까?

첫째, 심리학적 측면에서 대상 간에 좋아하는 감정을 유발하는 첫째 조건이 '유사점'이라고 한다. 이러한 점에서 베트남은 우리의 좋아하는 감정을 유발할 수 있는 많은 유사점을 가진 나라이다.

둘째, 외교 통상 측면에서는 2000년 미국과 베트남의 무역협정 체결과 2001년 한국과 베트남의 포괄적 동반자 관계 격상이 영향을 미쳤다. 한국기업이 베트남 신흥시장에 대량 진출하여 베트남 체류 한국인들이 급증했다. 한국 사람들이 베트남에서 겪는 문화적 갈등을 해결하고 경제적 효과를 얻기 위하여 외교관, 기업가, 연구자들이 앞다퉈 양국의 문화적 유사점을 강조하기 시작했다. 연구자들 사이에서 한국과 베트남의 관계사에 관한 연구도 날로 증가하였다. 양국 간의 우호 친선을 굳건히 하며 지속 가능한 경제적 효과를 얻기 위한 전략이라고 할 수 있다.

셋째, 국제적으로는 아세안(ASEAN)의 부상과 그에 따른 베트남의 국제적 위상 강화로 인한 우호 친선관계 설정이다.

넷째, 한국과 베트남의 외교 관계적 측면에서는 정식 외교관계 수립 이전 베트남에 대한 부정적 선입견에 대한 자기반성으로 인한 진정한 동반자관계 형성 욕구의 표출이라고 할 수 있다.

이러한 한국과 베트남 문화의 유사점에 대한 지속적 강조는 2000년 이후 한국인의 베트남 진출이 모든 방면에 걸쳐 급격하게 증가하게 했고, 문화적 친밀감을 느끼게 했다.

그 결과로 지난 20여 년 동안 베트남 호찌민시에 전 세계에서 최단 기간에 최대의 한인공동체가 형성되었다. 대표적인 예로 1999년에 87명으로 개교한 호찌민시 한국국제학교가 2022년 3월 1일 기준, 재학생이 2,064명에 이르게 되었다. 2000년 당시, 1만 명에 채 미치지 못하던 호찌민시의 한국 교민이 2020년에 10만 명을 넘었다. 2000년 당시 5천 명 미만이었던 하노이 한국 교민이 2020년에 10만 명을 넘었다. 2000년에 한인 개신교회가 하노이와 호찌민 각 한 곳밖에 없었는데 2022년에는 베트남 전체에 40여 개로 급증했다. 현재 베트남에 진출한 한국 기업체는 3,500여 개에 이르고 있다.

한인사회의 급속한 발전은 문화의 유사점 강조와 표면적으로는 한국인들이 유사점을 느끼며 쉽게 적응한 결과라고 생각한다. 이러한 유사점의 강조로 문화적 동질감 속에서 사돈 나라가 되어 갔으며, 수많은 기업의 진출로 베트남에서의 투자국 순위 1위를 유지하고 있다.

또한 문화적으로는 한류의 근원지가 되었으며, 이를 바탕으로 베트남 전국에 한국어 열풍이 불어 약 30여 개 대학교에 한국학(어)과가 설립되고 세계에서 유일하게 영어 다음의 외국어로서의 위상을 자랑하게 되었다.

이러한 영향으로 한국에 체류하는 베트남인 또한 갈수록 증가했다. 한국에 체류 중인 베트남인은 코로나 전인 2019년 법무부 통계에 따르면 224,518만 명이다. 이는 중국 국적 조선족을 제외하면 순수 외국인 수로는 베트남이 1위이다. 불법 체류자도 베트남인이 가장 많아 불법체류까지 포함하면 그 수는 훨씬 많을 것이다.

유사점 속에서의 차이점

한국과 베트남 관계에 급격한 발전의 계기가 된 2000년 미국과 베트남의 무역협정과 2001년 한국과 베트남의 포괄적 동반자 관계 수립 이후 피상적인 유사점의 강조는 한계에 다다랐다. 실제로 잘 섞이지 못하는 한국과 베트남, 일하는 방식의 차이와 기업문화의 다른 점으로 인해 노사 간에 갈등과 충돌이 자주 발생한다. 유사점을 이야기하던 한국인들이 시간이 흐를수록 차이점을 발견하며, 스스로 고립되어 살아갔다. 호찌민시의 좁은 한 지역에 수만 명의 한인이 모여 사는 한인공동체를 형성하는 특이한 현상이 호찌민시에 발생했다.

또한 한국에 시집간 베트남 신부의 구타, 살인, 자살 사건이 끊이질 않았다. 한국 부모들과 자녀들의 배타주의와 우월주의로 인해 베트남 다문화가정 2세들의 초, 중학교에서 느끼는 차별과 배제 현상이 심해 고등학교 진학률이 30%에도 못 미친다는 조사 결과가 언론에 보도되었다. 유사점을 강조하였지만 실제로 잘 섞이지 못하는 한국과 베트남, 이것은 베트남과 한국에서 사회적인 문제로 진행될 수 있는 시한폭탄과 같은 것이다.

이상에서 살펴보았듯이 한국과 베트남 양국 모두 그동안 한국과 베트남 관계에서 문화의 유사점을 많이 강조했다. 가끔 학자에 따라 차이점에 대한 언급은 있었으나 '유사점 속의 차이점'에 관한 구체적 연구는 없었다. 실제로 한국과 베트남 문화의 유사점이 많다. 유사점 속에서의 차이점이 있다. 이 유사점 속에서의 차이점은 '닮은 듯 다른 듯' 현상을 유발한다.

따라서 이어지는 글에서는 한국과 베트남 문화의 유사점을 느끼게 하는 요소는 어떤 것이 있는지 살펴보고 유사점 속의 차이점을 분석해보고자 한다. 이 유사점 속에서의 차이점이 양국 사람의 사유와 행동에 적지 않은 영향을 미친다.

2.

유교

한국과 베트남 문화 유사점의 근원인 유교

지금까지 한국과 베트남 문화의 유사점에 대해서 가장 많이 언급된 것은 유교에 관한 부분이다. 한국과 베트남 문화의 유사점 중 유교를 강조한 몇 가지 자료를 소개하면 다음과 같다.

첫째, 동아시아 종교에 정통한 미국의 위튼 버그 대학교 종교학과 교수인 제니퍼 올드 스톤 무어(Jennifer Oldstone-Moore)가 저술한 『동아시아 문화의 열쇠, 유교』에서 "유교는 한국뿐 아니라 중국, 일본, 베트남 사람들의 심성과 관습에 가장 큰 영향을 미쳐왔고, 오늘날

의 동아시아 문명을 이해하는데 핵심적인 열쇠가 되는 종교 전통이다."라고 기술했다.[2]

둘째, 충남대학교의 2009년 8월호 『유학신문』에 의하면 충남대 유학연구소는 「베트남 유교와 한국 유교의 유사점과 차이점」이라는 주제로 2009년 8월 10~11일간 베트남 하노이 사회과학원 철학연구소에서 국제학술 심포지엄을 개최했다. 유학신문은 20여 명의 학자가 논문을 발표했는데, 한국과 베트남의 차이점에 대해 발표한 교수는 유일하다고 언급하며, 이 국제학술 심포지엄의 결론을 다음과 같이 맺고 있다. "유교를 중심으로 한 이번 학술교류는 한국과 베트남 사이의 공통된 문화 의식을 조망했다는 점에서 향후 두 국가 간 관계 증진에 긍정적인 영향을 미칠 것으로 기대한다." 이러한 결론은 두 나라의 차이점보다는 공통된 문화 의식을 강조한 것이다.

셋째, 2009년 7월 광주에서 개최된 『아시아 청년 포럼』에서 조선대학교의 한 교수는 「한-베 관계의 미래를 향한 제언」이라는 논고를 통해 베트남 연구자로서 한-베 관계에 있어서 네 가지 사촌 관계를 주장하며 역사, 문화적 유사점과 동질성에 대해 강조했다. "문화적으로 유교문화권에 속해 있어 전통 가정의례가 동일하고, 전통문화의 뿌리가 같아 문화의 이질감을 느끼지 못한다."라고 했다.

넷째, 베트남 역사학회 학자들로부터 한자로 된 1차 자료를 연구하여, 베트남 역사학자보다도 더 베트남 역사에 관해 깊이 연구한다는 평가를 받는 서울대학교의 유인선 교수는 그의 책 『새로 쓴 베트남의 역사』의 머리말 첫 문장에서 다음과 같이 기록했다. "사람들은 흔히 말하기를 베트남 역사는 우리 역사와 무척 비슷하다고 한다."라고 서술했다. 이에 중요한 이유로 중국의 영향을 받은 젓가락 문화, 한자 문화, 제국주의 식민 지배, 분단 상황 등을 기술하고 있다. 그리고 한국과 베트남 문화의 유사점의 원천으로 두 문화의 기저에 흐르고 있는 중국문화, 특히 유교 문화의 영향으로 보고 있다.

그러나 유인선 교수는 머리말의 결론부에서 "베트남 문화는 우리와 상당히 유사해 보이지만 적지 않은 차이점을 지니고 있다."라고 하면서 우리의 베트남 이해가 지극히 피상적이라고 도전을 하며, 독자들에게 더 깊고 넓은 베트남 역사, 문화 연구를 제안하고 있다.

한-베 유교 문화의 유사점 속에서의 차이점

첫째, 베트남은 유교를 비판적으로 수용했다.[3] 유교의 베트남화이다. 그러나 한국의 유교는 조선시대 오백 년을 통해 중국의 유교 사상을 적극적으로 유입하여 숭배하였다. 베트남은 무조건 받아들이지 않고, 비판적으로 수용하여 유교의 베트남화를 시도했다. 외형적으로는 중국의 틀을 취하였지만, 내용은 중국과 달랐다.

특히 베트남은 전통적으로 모계사회, 여성의 사회적 지위가 높았는데 이런 부분이 베트남 유교에서도 나타나고 있다. 조선은 '남존여비', '여필종부' 사상을 중시하여 여권을 약화했으나 베트남은 부인의 재산권과 이혼권을 인정하여 여권을 강화했다. 조선은 여성에게 적용하는 칠거지악의 규칙을 만들어 여성의 활동을 제약하였으나 베트남은 여성의 대외활동이 많았다. 이로 인해 베트남은 여성의 사회적 영향력이 높았다.

최병욱 교수의 『베트남 근현대사』「제4장 말레이 해적과 베트남 여성」에서 중국으로부터 독립한 10세기 이후부터 베트남 여성의 교역 활동이 매우 활발했으며, 교역 활동은 점차 확대되어 17~18세기 호이안 항구에서 서양인들과 교역 활동하던 대부분의 베트남 상인이 여성이라고 주장한다. 특히 민망 황제 시대가 시작되면서 여성의 대외교역이 더욱 두드러지게 되었으며, 원양 교역선을 타고 해외로 나가는 사례도 많았다고 한다.[4]

민망 황제(1820~1841)는 1837년 베트남 황제 중에 처음으로 여성의 적극적 대외활동을 위해 치마 대신 바지를 입도록 칙령을 내린 왕이기도 하다.[5] 이러한 여성의 대외활동을 통한 지위 향상을 볼 때 당시 조선에서는 상상도 못 할 일이었다. 베트남인으로서 대만 국립대학교에서 동아시아 문화에 관해 연구하며 많은 성과를 낸 쩐 반 도안(Trần Văn Đoàn) 교수는 "베트남 철학은 다른 사상을 종합해 베트남 사상으로 만드는 능력이 있다. 그렇게 뛰어나게 변화시킬 수 있는 능력은 베트남 사람 속의 생활에 있다."라고 주장한다.

그리고 베트남 사회과학원 철학연구소의 응우옌 따이 트(Nguyễn

Tài Thư) 교수는 2010년 4월 충남대학교 『유교 논문집』에 실린 「베트남 유교의 몇 가지 기본 특징」에서 "중국 유교의 비판적 수용 부분은 유교의 절충 및 유교 서적들을 간결하게 베트남 상황에 적합하게 번역하는 것에서 나타난다."라고 하였다.

둘째, 베트남 유교는 학파를 형성하지 못했고 탁월한 유학자가 많이 없다. 학문적 토대를 마련하지 못한 베트남 유교는 깊고 넓게 발전하지는 못했다. 조선은 여러 학파를 형성하여 탁월한 유학자들을 많이 배출했다.

셋째, 베트남 유교는 수평적, 관용적 사회로 발전했다. 한국의 유교는 규범의 나라를 표방하며, 여러 규칙을 만들었다. 조선은 세계에서 가장 규칙이 많은 나라로 관혼상제, 충, 효, 예, 특별히 여성에 대한 규칙으로 칠거지악을 강력하게 시행했다. 유교가 사회적 절도를 중시하고 수직적 사회구조를 만들며 엄격하게 발전해 나갔다. 반면 베트남 유교는 전통적 문화 기반 위에서 뿌리를 내리며, 리 왕조에서 기틀을 마련하고, 레 왕조의 레 타잉 똥(Lê Thánh Tông) 왕 시대에 꽃을 피웠다. 충, 효, 예를 강조했지만, 조선처럼 수직적 구조의 엄격한 사회를 조성하지는 않았다. 또 수직적 구조 속에서도 촌락 중심의 수평적, 관용적 사회구조를 더 강하게 유지했다.

넷째, 베트남 유교는 개방적이었다. 베트남 유교의 독특한 면에 대해서 최병욱 교수는 민망 황제 때에 유교 국가의 특징인 농본, 서학 배척, 유학 존중 등의 특징을 보이면서도 엘리트들로 구성된 수백 명에 이르는 선단을 구성하여 해외로 파견하여 해외 문물을 적극적으로 배우고 수용했다고 한다.

다섯째, 현실주의이다. 서울대학교 문화인류학과 전경수 교수는 그의 저서 『베트남 일기』에서 '베트남 유교의 현실주의'를 직시해야 한다고 조언하고 있다.

한-베 문화가 유사점을 지니게 하는 가장 큰 근원은 유교임이 분명하다. 그러나 모든 영역에 걸쳐 유사하게 보이지만 자세히 들여다보면 차이점이 많다는 사실을 간과해서는 안 된다. 다른 관점에서 분석하면 유사점 속의 차이점이 한국과 베트남의 민족성과 사회 작동원리에 더 큰 영향을 미치고 있다는 사실이다.

3.

한자

베트남의 한자 문화

베트남에서 20년 넘게 배우는 자로, 가르치는 자로 살고 있다. 논문을 쓰기 위해 베트남어 자료를 읽고, 베트남 대학생들을 가르치면서 베트남의 한자 문화에 대해 알게 된 몇 가지가 있다.

첫째, 베트남어는 한자 차용어가 70% 정도 되어 한국인에게는 비교적 베트남어 독해가 쉽다는 것이다. 둘째, 베트남어 한자 발음이 북경어보다 남부 지방의 광둥어와 광시성의 발음과 유사하며, 베트남어 한자 발음이 한국어 발음과 더 유사하다는 것이다. 셋째, 대부분 베트남인은 성과 이름이 한자인데, 대학생과 교수가 한자로 자신의 이름을 쓸 줄 모른다는 것이다. 베트남 지식인 중에 기초 한자도 제대로 모르는 사람이 많다.

한국과 베트남은 한자문화권이라는 유사점을 가지고 있다. 한자는 한국과 베트남 문화에 많은 영향을 미친 중국 문명과의 가교로써 깊은 교양을 담은 문자다. 이것은 중국문화의 근간이라고 할 수 있는 유교 문화와도 직결된 것으로 양국의 오랜 역사 속에 깊이 스며들어 있는 문화이다.

베트남 역사 연구의 대가(大家)인 서울대학교의 유인선 교수는 근대로 넘어오기 전, 베트남의 모든 공식 문서는 물론 개인의 문서도 거의 한문으로 되어 있었다고 주장한다. 가끔 중국의 북경에서 우리나라 사신이 한문교육을 받은 베트남의 지식인을 만나면, 필담을 나눴다는 이야기가 두 나라의 역사서나 문집에 종종 나온다.

그러나 한자문화권이라는 관점으로 현재의 베트남을 들여다보면 여러 가지 오류를 낳게 된다. 왜냐하면 두 나라는 한자문화권이라는 유사점 속에서도 분명한 차이점이 있기 때문이다.

한자를 폐지한 베트남

한자문화권에 있으면서 스스로 한자를 폐지하여 문자 개혁을 시행한 나라는 베트남이 유일한 사례이다. 베트남은 9세기부터 한자를 빌려 만든 '쯔놈'을 사용하기 시작했고, 쩐 왕조(陳朝, 1225~1400) 때인 13세기에 이르러 쯔놈 문학이 발전하기 시작했다. 1천 년 동안 중국의 지배를 받았고, 독립 후에도 중국의 영향력 아래 국자감을 설치하고 과거제를 실시한 강력한 한자문화권의 나라였다.

그러나 프랑스 식민지 시대에 식민정부는 통치의 효율성을 위해 한자를 폐지하고 현재의 베트남어 사용을 결정했다. 교과서와 국가시험에 한자를 폐지했다. 이러한 국가 정책이 심한 반발 없이 추진될 수 있었던 것은 식민정부와 독립운동 세력의 이해관계가 일치했기 때문이다. 식민정부는 '통치의 효율성'을, 독립운동 세력은 '문맹 퇴치'라는 목적에서 한자 폐지와 고유어의 로마자화를 수용했다. 1917년부터 1929년까지 시행된 교육 개혁령에 따라서 전통 교육이 폐지되고 학교에서는 프랑스어와 베트남 국어를 가르쳤다.[6]

그러나 한자를 버린 지 100여 년이 지난 지금, 고등교육에 적지 않은 문제가 발생하고 있으며, 광범위한 지식 부재 현상이 나타난다. 베트남의 근대사까지 기록된 대부분 문헌은 한자(漢字)로 표기되어 있기 때문이다. 이러한 고등교육의 문제는 권력층과 부유층에서 미국과 프랑스를 중심으로 한 외국 유학 현상이 발생했으며, 현재도 베트남 사람의 해외 유학률은 GDP 대비 전 세계 최고 수준이라고 할 수 있다. 유학률이 높은 이유가 체제로 인한 베트남 교육의 질적 문제라고 하나 한자 폐지 이후 나타난 지식 부재에 따른 고등교육의 문제도 설득력이 있어 보인다.

한국은 세계에서 두 문자를 공식적으로 인정하는 국가 중에 한 나라이다. 한글과 한자 두 문자를 모두 공식적으로 인정하고 있다는 점이다. 오늘날 한국은 사실상 한글 전용이지만 학교에서 한자를 가르치며 사회에서도 한자를 사용하는 경우가 많다. 한국인의 명함을 받을 때면 아직도 한자로 된 명함이 많은데, 한자로 된 명함은 대부분 관공서나 대학교에 근무하는 사람들의 명함이다. 이것은 아직도 한국 사회를 주도하는 지도자들은 한자를 비중 있게 여긴다는 것을 알 수 있다.

한자 문화 속에 서양 문화가 공존

베트남 문자는 17세기에 프랑스인 예수회 신부 알렉산드르 드 로드(Alexandre de Rhodes)가 프랑스 문자에 기초해 베트남인의 언어(한자 차용어)를 로마자로 표기한 것이다. 로마자 표기를 사용하면서 자연스럽게 프랑스어의 영향도 받았다. 한자의 로마자 표기 속에 프랑스 문화가 잠재되어 있으며, 그로 인해 베트남어에 서양 문화가 동시에 나타나고 있는 특이한 현상을 볼 수 있다. '언어는 문화의 총체적인 표현'이라는 말이 있다. 서양 문화가 공존하고 있는 베트남 문화의 대표적인 예가 베트남 문자이다.

21세기 베트남은 한자문화권에 속하는가?

베트남은 한자 폐지와 로마자 사용으로 인해 초, 중, 고, 대학교에서 한자 교육을 전혀 시행하지 않고 있다. 그래서 대학생을 포함한 지식인들이 한자 이름을 가지고 있으면서도 한자로 자신의 이름도 쓰지 못하는 특이한 현상이 발생하게 된 것이다. 게다가 민족주의와 공산주의의 영향으로 인해, 북한과 같이 순수 베트남어를 강조하여 의미를 풀어 쓰게 되면서 문장과 단어가 길어지고, 한자어를 말하면서도 한자를 읽거나 쓸 줄 모르는 기이한 현상이 발생했다.

21세기에 아직도 베트남을 한자문화권의 나라라고 부를 수 있는지 한 번쯤 생각해 볼 문제이다. 베트남이 베트남어 전용이 아니라 다시 베트남어와 한자를 혼용해서 쓸 가능성은 없을까? 그러면 한국과 베트남이 문화적으로 더 소통하고, 더 이해의 폭이 넓어질 것 같다. 한편 지구화 시대에 한자 문화와 서양 문화가 공존하고 있는 베트남어가 세계와 소통하는데 더 편리하겠다는 생각도 하게 된다.

한국은 건국 이래 1970년대 초까지 초등학교 국어 시간에 한자를 가르쳤다. 최근에 사교육시장에서 한자 교육이 호황을 누리면서, 다시 초등학교에서 한자 교육을 해야 한다는 논의가 활발하다. 그리고 각 대학의 평생교육원에서도 한자, 한문 지도사과정을 많이 개설하였다.

"한국에서 한자와 떨어져 사는 것은 물고기가 물을 떠나 사는 것과 같다."라고 성균관대 한문교육과 이명학 교수가 말했다. 하지만, 베트남에서는 지식인으로 불리는 대학 교수조차 자기 이름을 한자로 표기할 줄 모른다. 이것이 '한-베 한자 문화의 유사점 속에서의 차이점'이 아닐까.

4.

벼농사

한국과 베트남 문화가 유사하다고 느끼는 주요 요소 중 하나가 벼농사 문화이다. 벼농사로 인해 파생하는 생활 속의 여러 문화가 있기 때문이다. 벼농사는 어느 지역에서 처음 시작했을까? 학자들에 의하면 남아메리카설, 동남아시아설, 아프리카설이 있다. 베트남의 저명한 문화학자 쩐 응옥 템(Trần Ngọc Thêm) 교수는 동남아시아 설을 지지하며, 동남아시아에서도 베트남이라고 주장한다.

문화 인류학자들은 한 민족의 국민성 형성에 그 민족의 주요 경제 유형이 지대한 영향을 미친다고 주장한다. 쩐 응옥 템 교수도 한국과 베트남 민족성 비교에 대한 보고서와 강연에서 유사점이 발생하는 근원으로 두 민족의 주요 경제 유형인 벼농사를 자주 언급했다. 전통적으로 벼농사를 주요 경제 유형으로 해온 민족의 국민성은 유순하고, 공동체성을 중시하며, 자연의 순리를 잘 따르는 특성을 띤다고 말한다.

부산대학교의 최덕경 교수는 2012년 5월 호찌민 외국어 정보대학교에서 개최된 한-베 수교 20주년 기념 『한-베 관계의 과거와 현재』 국제학술대회에서 「한-베 젓갈 문화」에 대해 발제했다. 젓갈 문화는 벼농사를 주로 하는 지역에서 발생한 음식문화라고 소개하며, 한-베 벼농사 문화의 유사점으로 인해 발생한 젓갈 문화의 유사점에 대해서 언급하기도 했다.[7]

한국과 베트남은 오래전부터 벼농사를 주된 경제유형으로 삼아 온 문화적 유사점이 있다. 그러나 한-베 벼농사 문화의 유사점 속에 차이점이 명확하게 있으며, 그 차이점이 현재 한국과 베트남 사람의 국민성과 일하는 방식에 많은 영향을 주었다. 한-베 벼농사 문화의 유사점 속에서의 차이점을 잘 이해할 때 베트남인의 국민성과 일하는 방식을 이해하고 대처할 수 있다.

1모작 VS 3모작

1모작과 3모작의 차이는 국민성 형성과 일하는 방식에 상당한 영향을 미쳤다. 원래 베트남인은 북부 하노이의 홍강을 중심으로 거주했는데 15세기 레 탄 똥 황제 무렵부터 본격적으로 남진을 추진했다. 중부의 참파 제국을 무너뜨리고 남하하면서 18세기 중엽부터 19세기 초에 걸쳐 현재의 호찌민시를 포함한 메콩델타 전 지역을 차지하였다.

이후 베트남 민족은 북부의 홍강 유역과 남부의 메콩강 유역의 두 평야 지대를 중심으로 벼농사 문화를 이루며 살았다. 2022년 현재 베트남은 세계 쌀 수출국 2위인데 1위인 태국의 생산량이 적을 때는 베트남이 1위를 할 때도 있다. 베트남의 쌀 대부분이 이 두 평야 지역에서 생산된다.

베트남의 벼농사는 1년에 2~3모작을 한다. 한쪽 논에서는 모를 심고, 다른 논에서는 벼 베기를 한다. 한쪽은 벼가 파랗고, 한쪽은 벼가 누렇게 익었다. 한국에서는 결코 볼 수 없는 풍경이다.

1년에 3모작을 하는 베트남의 농부와 1년에 단지 1모작만 하는 한국의 농부 사이에 차이점이 발생하게 된다. 한국의 농부들은 봄에 모 심고, 여름에 노심초사 홍수와 가뭄 그리고 태풍 등 자연재해를 걱정해야만 했다. 1년에 단 한 번만 수확하기에 일하는 방식이 아주 정밀하고 섬세하다.

베트남과 한국의 논을 비교하면 베트남에 비해 한국은 과학적으로 논을 관리했다. 구획 정리가 명확하고, 고려시대부터 관개시설이 발달했다. 논을 관리하기 위해 논 사이에 길을 내는 것은 베트남에서 잘 볼 수 없는 장면이다.

이러한 벼농사의 영향은 한국 사람이 신속, 정확, 근면하게 일하고, 빠르게 대처하며, 내일을 준비하게 하는 국민성을 형성하게 했다. 1년에 한 번 주어진 기회를 놓치면 그것은 긴 고통으로 이어지기 때문이다. 정성을 다해 봄에 모를 심고, 여름에 잘 자라도록 관리하며, 가을에 추수하여 긴 겨울을 지낸다. 긴 겨울이 있는 사계절과 1모작의 벼농사 문화가 한국 사람의 일하는 방식에 많은 영향을 미친 것이다.

한국 사람은 노동시간이 많다. 반면 베트남 사람은 놀며 일한다. 연중 근로시간이 한국보다 적다. 세 번 추수하다 보니, 풍악을 자주 울리고, 한국 사람보다 술을 적게 마시지만 자주 마신다.

남성 VS 여성

한국에서는 논에서 일하는 사람이 주로 남성인데, 베트남에서는 여성이다. 서부 고원 지대의 커피, 차 농장에서도 마찬가지다. 이것은 경제활동의 주도권이 각각 남성과 여성에게 있다는 차이를 보여주고 있으며, 이것이 전반적인 사회 저변에 미치는 영향 또한 각각 다르게 나타나고 있다.

수입국 VS 수출국

전통적인 벼농사 국가인 한국과 베트남, 2022년 현재 한국은 쌀을 수입하는 국가가 되었고, 베트남은 세계 1, 2위를 다투는 쌀 수출국이 되었다. 표면적으로 한국은 더 이상 벼농사 국가가 아니며, 베트남은 세계 최대 벼농사 국가이다.

지금 우리나라는 1차 산업 시대를 벗어나 2, 3차 산업의 발달과 급속한 도시화, 현대화 그리고 4차 산업 혁명 시대를 살아가며 벼농사의 중요도가 많이 떨어졌다.

그러나 1모작 벼농사 시대의 꼼꼼하고 정밀하게 일하는 방식이 최첨단 기술의 반도체, 디지털 시대에도 적용이 되면서 한국인의 일하는 방식이 더욱더 빛을 발하고 있다.

베트남도 도시화가 빠르게 진행되고 있지만, 대도시 생활에서도 여전히 3모작의 벼농사 개념을 가지고 살아가고 있다. 베트남의 최대도시인 호찌민시는 토박이보다 학업, 직장과 사업을 목적으로 농촌에서 이주해 온 사람들이 60~70%이다. 3모작의 벼농사 삶의 환경에서 자란 20~40대 사람들이 인구 천만이 넘는 현대화된 대도시 호찌민에서 직장생활을 하지만, 여전히 그들은 고향에서 3모작의 벼농사를 하는 것처럼 일하는 경향이 있다. 이것은 베트남 벼농사 문화의 특징에 기인한 것이다. 그리고 이것은 한-베 벼농사 문화의 유사점 속의 차이점이기도 하다.

5.
젓가락

젓가락의 기원

　젓가락의 기원은 중국이다. 중국에서 한국, 베트남, 일본 등의 한자문화권 국가로 전파되었다. 이 네 국가를 유교문화권, 한자문화권과 벼농사 문화권에 이어 젓가락 문화권이라고도 한다.

　사료에 따르면 젓가락은 기원전 221년 진나라가 중국을 통일하기 이전까지는 '협(梜)'이라고 했다. 이후 한나라 때 '저(箸)'로 하다가 명나라 때부터는 '쾌(筷)'라고 했다. 한국은 삼국시대 초기인 1세기 전후에 젓가락을 사용했다는 기록이 있다. 서한이 한반도 북부에 군현을 설치하면서 유래된 것으로 본다. 한국어의 "저(箸)"는 발음이 중국의 '저(箸)'와 유사하다.

유인선 교수는 그의 저서에서 다음과 같이 기록하고 있다.

> "실제로 우리나라 사람은 베트남에 처음 가더라도 식사를 할 때 별로 불편을 느끼지 않는다. 그 중요한 이유는 젓가락을 사용하기 때문이다. 이 젓가락 문화는 중국에서 들어 온 것으로 베트남 과거에 우리가 그랬듯이 중국문화의 영향을 적잖게 받았다."

한국과 베트남은 젓가락을 사용한다는 문화적 유사점이 있다. 그러나 젓가락을 사용한다는 유사점 속에서의 차이점이 뚜렷하게 나타나고 있다. 두 나라의 젓가락 문화의 유사점 속에서의 차이점은 어떤 것이 있을까?

저箸 VS 쾌筷

한국은 젓가락을 뜻하는 한자를 젓가락 '저(箸)'를 사용하고, 베트남은 젓가락 '쾌(筷)'를 사용한다. 왜 서로 다른 한자를 사용하는지 연원이 궁금하여 자료를 찾았다. 젓가락이 전래된 시기에 따라 한자를 다르게 사용하는 것이 아닌가 추정해 볼 수 있다. 또한 베트남이 불행과 죽음을 연상하게 하는 글자를 사용하지 않는 풍속이 매우 강하여 '저(箸)'자의 사용을 꺼리는 중국의 영향을 받은 것일 수 있다. 1475년 명나라 성화제 때 육용(陸容)의 『숙원잡기(菽園雜記)』에 다음과 같은 기록이 있다.

> "민간에는 풍속으로 꺼리는 것이 지역마다 있다. 배를 탈 때는 '주(住)'자나 '번(翻)'자를 꺼린다. 그래서 '저(箸)'를 '쾌아(快兒)'라고 부르고, '번포(幡布)'를 '말포(抹布)'라고 부른다. 이 글의 의미는 강남지구의 뱃사공들은 배를 몰 때 빨리 안전하게 목적지에 도달하고자 해서, '주(住)' 즉 멈추다, '번(翻)' 즉 뒤집어지다 같은 불길한 글자는 입에 담지 않는다. 그리하여, 저(箸)는 주(住)와 발음이 같아서, '저'를 '쾌아'라고 부른다."

명대 융경(隆慶) 4년(1570)에 이예형(李豫亨)이 저술한 책 『추봉오어(推蓬寤語)』에도 다음과 같은 기록이 있다.

> "나쁜 글자를 피하고 좋은 글자로 부르는 경우가 있다. 예를 들어 저(箸)는 막힐(滯) 것을 꺼려서 쾌자(快子)라고 부른다."

짧고 가늠 VS 길고 굵음

한국 젓가락은 짧고 가는데 베트남 젓가락은 길고 굵다. 젓가락의 기원은 중국이지만 전래 과정에서 각 민족의 음식과 식탁 문화에 적합하게 현지화한 결과로 보인다. 한국 젓가락은 콩과 김 그리고 김치와 각종 나물을 집기 편하도록 짧고 가늘게 만들어졌다. 베트남 젓가락은 기후로 인해 뜨거운 기름으로 볶고 튀긴 음식이 많다. 기름을 많이 사용하기에 조리 시 화상으로부터 보호하기 위해 젓가락 길이가 길어진 것으로 보인다. 또한 기름진 음식을 덜어 먹기 때문에 긴 젓가락을 사용한다.

한국의 식탁은 예로부터 네모지고 크지 않았다. 대가족일지라도 어른과 여성 그리고 아이들이 따로 상을 차려 먹었다. 그래서 젓가락이 길 필요가 없었다. 그러나 베트남의 식탁은 둥글고 크게 만들어졌고 대가족이 함께 먹었다. 멀리 있는 음식도 집기 위해 길게 만들어졌다.

원탁에서 베트남인과 식사를 하며 대화를 나누었다. 베트남의 젓가락은 왜 기냐고 물었다. 베트남인이 대답하기를 멀리 있는 음식을 먹기 위해서가 아니라 내 주위에 있는 맛있는 음식을 집어 멀리 있는 사람에게 주기 위함이라고 대답했다. 그 말의 사실관계를 떠나, 정감 많은 베트남 사람의 대답인 듯하여 미소가 지어졌다.

금속 VS 나무

한국 젓가락의 재질은 금속(금, 은, 청동, 놋쇠, 스테인레스)이다. 동물 뼈로 만든 것을 사용하기도 한다. 한국에서는 가정이나 식당에서 주로 금속제 젓가락을 사용한다. 한국인이 금속 젓가락을 사용한 것은 고대 시대부터였다. 삼국유사에 청동 젓가락이 나오고, 고구려 시대 유물에도 청동 젓가락이 나온다. 중량을 가진 금속 젓가락을 오랫동안 사용해 오며, 그 젓가락으로 밥알을 세고, 콩을 집고, 멸치 한 마리와 김 한 장을 거뜬히 집어내는 탁월한 젓가락 사용 기술을 가진 민족이 한국인이다.

베트남 젓가락의 재질은 나무다. 베트남은 기후로 인해 기름을 많이 사용하는 볶음, 튀김 요리가 많다. 또 다양한 국수가 있다. 그래서 음식이 미끄럽고 뜨겁다. 열전도가 잘되고 미끄러운 금속 젓가락을 이용해서는 먹기가 어렵다. 베트남의 길고 굵은 나무젓가락은 마찰력이 높아 볶고 튀겨서 기름지고 뜨거운 음식이 미끄러지는 것을 방지하기도 한다. 이 나무젓가락은 다양한 베트남 국수를 먹기에도 적합하다.

오늘날 중국, 한국, 베트남, 일본 등 아시아 쌀 문화권 국가들이 대부분 젓가락을 사용하지만, 짧고 가느다란 쇠젓가락을 사용하는 나라는 한국뿐이다. 무거우면서도 가는 쇠젓가락을 사용하려면 정교하고 힘 있는 손놀림이 필요하다.

동북아시아에서는 한국인의 손기술이 제일 좋다는 평가를 얻고 있고, 동남아시아에서는 베트남인의 손기술이 제일 좋다는 평가를 얻고 있는데, 젓가락 문화와 무관하지는 않을 것이다. 수천 년 전부터 짧고 가느다란 금속 젓가락을 사용해 온 한국 사람의 정교함, 섬세함이 길고, 굵은 나무젓가락을 사용해 온 베트남 사람과 함께 일할 때, 일하는 방식에 많은 차이가 있을 수 있다.

　　그러나 큰 원탁에서 긴 나무젓가락으로 음식을 집어주며 피식 웃는 베트남 사람, 맛있는 것을 멀리 앉은 손님에게 집어주기 위해 젓가락이 길 수밖에 없다는 말에 위안을 느끼며, 베트남 사람을 사랑하며 살아야겠다.

6.

집사람

부정적 VS 긍정적 의미

한국과 베트남 사람들이 아내를 '집사람'이라고 부른다고 한다. 유교와 한자 문화의 종주국이며 한국과 베트남 문화에 많은 영향을 끼친 중국도 당연히 아내를 집사람이라고 부를 것으로 생각하고 중국인 교수에게 물어본 적이 있다. 그런데 중국인은 아내를 집사람이라고 부르지 않는다고 한다.

왜 한국과 베트남 사람은 아내를 집사람이라고 부르는 것일까? 더 깊은 연구를 해볼 만한 흥미로운 부분이다. 그러나 한국과 베트남 사람이 동일하게 아내를 '집사람'이라고 부르지만, 그 의미는 전혀 다른 듯하다.

베트남어로 집사람을 '냐 또이(Nhà tôi)'라고 한다. 베트남어에서 냐(Nhà)는 크거나 중요한 것을 지칭할 때 사용한다. 대표적으로는 국가를 '냐 느억(Nhà nước)', 공장을 '냐 마이(Nhà máy)', 오페라하우스(극장)를 '냐 핫(Nhà hát)', 유아원을 '냐 쩨(Nhà trẻ)', 예배당을 '냐 터(Nhà thờ)', 학교를 '냐 쯔엉(Nhà trường)'이라고 한다.

이처럼 베트남 사람이 아내를 부를 때 집사람(Nhà tôi)이라고 부르는 것은 고대로부터 집안의 경제적 활동을 맡으며, 가정을 돌보는 중요한 사람으로서의 의미를 담고 있다. 즉 가정의 중심, 대들보라는 의미가 내포되어 있다고 할 수 있겠다.

더불어 베트남 여성들은 전쟁 등 국가적 재난이 발생할 때마다 적극적으로 참가하여 국가를 수호한 기록을 베트남 역사에서 많이 볼 수 있다. 이것은 베트남의 전통사회가 모계 중심 사회였고, 여권(女權)이 강했다는 것을 입증하는 것이다.

전통적으로 한국 사람에게 집사람의 의미는 '집에 있는 사람', 항상 집에 있으며, 집안일을 하고, 밥을 짓고, 가족들을 돌보는 사람이란 소극적 의미가 많았다. 집에 있지 않고, 밖으로 나가 사회적 활동을 많이 하면 정숙하지 못하고, 아내와 어머니 그리고 며느리의 역할을 잘 감당하지 못하는 불성실한 의미가 내포되어 있었다.

'집에 있는 사람'이라는 한국인의 집사람 의미와 베트남인의 집사람 의미가 이렇게 완전히 다르다. 똑같이 아내를 집사람이라고 소개하고 부르지만, 그 내면에 숨은 의미가 다른 것이다. 집사람 문화에 나타난 이러한 유사점 속에서의 차이점이 한국과 베트남 사회 속에 미치는 영향 또한 적지 않을 것이다.

여성에 대한 속담

한국은 조선시대 오백 년을 지나면서 유교의 영향으로 인해 가장 뚜렷하게 나타난 사상적 특징 중 하나가 남존여비(男尊女卑)와 여필종부(女必從夫)이다. 이러한 사상이 한국의 속담에도 많이 나타나는데, 대표적으로는 "암탉이 울면 집안이 망한다", "여자가 셋이 모이면 접시가 깨진다" 등이다. 특별히 "여자는 제 고을 장날을 몰라야 팔자가 좋다."라는 말은 여자가 바깥세상 일은 알 것 없이 "집안에서 살림이나 알뜰히 하는 것"이 행복한 것임을 비유하여 이르는 말로 여성은 집에서 살림만을 해야 함을 강조한 속담이다. 더 나아가 한국인의 여성관을 드러내는 최악의 속담인 "여자와 북어는 3일에 한 번씩 패야 맛이 난다."라는 말은 여자를 자기 입맛에 맞게 길들이려면 패는 수밖에 없다는 뜻이다.

베트남 사람들은 한국의 이 속담을 어떻게 받아들일까? 문제는 한국어를 공부하고 한국학과 관련된 베트남 교수들이 한국 남성들의 여성에 대한 인식을 논할 때 이 속담을 즐겨 인용한다는 것이다.

베트남에는 "Ruộng sâu, trâu nái không bằng con gái đầu lòng"이라는 속담이 있다. 앞에서 언급했었다. "비옥한 논과 튼튼한 암소도 맏딸만 못하다."라는 뜻이다. 어떤 값어치 있는 재물도 맏딸만 못하다는 뜻으로, 여성을 선호했던 전통사회를 보여주는 속담이다. "Nhất vợ, nhì trời"라는 속담도 "첫째는 아내요, 둘째는 하늘"이라는 의미로 여성의 지위가 그만큼 높다는 의미이다.

베트남 역사에서 국난 극복의 위기 때마다 여성 영웅이 있었고, 현대사에서 발생한 베트남 전쟁 때도 여성들의 활약이 대단했다. 베트남 사회의 여성들에 대한 인식은 한국과 상당한 차이가 있다. 그에 따른 여성의 권위도 다르다.

세계화 시대, 성평등 시대, 다문화 시대를 맞아 한국 남성의 여성에 대한 인식 전환이 절대적으로 필요하다. 특별히 한국의 최대 다문화가정이 베트남인 것을 고려하면 한국 남성들의 베트남 여성에 대한 문화 교육과 인식 전환이 시급하다.

7.

애국주의

애국가 VS 진군가

한국의 국가는 애국가이고 베트남의 국가는 진군가(Tiến quân ca)이다. 국가는 조국에 대한 애국심 고취를 위해 온 국민이 함께 부르는 노래이다.

베트남의 모든 초, 중, 고, 대학교에서는 월요일에 국기 조회를 한다. 운동장에 모이거나 방송으로 진행하기도 한다. 월요일 첫 시간 강의가 있을 때 강의실에 국가가 울려 퍼지면 학생들과 함께 베트남의 국가를 듣는다. 오랜 기간 매주 월요일 베트남 국가를 들으니 이제는 베트남 국가를 어느 정도 외울 수 있게 되었다.

베트남 국가의 가사와 곡은 사람의 마음을 뭉클하게 하고, 무엇인가 앞을 향해 전진하게 한다. 이러한 베트남 국가에 매료되어 있을 무렵, 미국의 한 웹사이트(cracked.com)에서 방문자 여론 조사 결과 베트남 국가가 세계에서 가장 웅장한 국가로 선정되었다는 기사를 보게 되었다.

한국과 베트남은 약 반만년의 장구한 역사를 지내오며, 지정학적 위치로 말미암아 수많은 내외적 전쟁을 치렀다. 한국과 베트남은 동일하게 중국, 일본, 유럽과 전쟁을 했으며, 베트남은 17세기에 나라가 둘로 나뉘어 오랜 내전을 경험했고, 한국은 삼국시대에 1년에 1번꼴로 내전을 치렀다. 또한 20세기에는 남북이 분단되는 경험을 베트남과 동일하게 겪었다.

이러한 역사적 경험의 유사점으로 인해 양국은 조국에 대한 애국심과 민족해방·조국독립에 대한 민족적 열의가 이 지구상에 어느 민족보다 높고 강하다. 수난의 민족사를 관통하는 최고의 역사적 가치는 민족해방·조국독립일 수밖에 없었다. 이러한 지고한 역사적 가치는 한국과 베트남인에게 '애국주의'라는 사상문화를 강하게 형성하게 했다. 그러나 이 애국주의는 한국과 베트남에서 다른 양상으로 전개되고 발전되었다.

유배 VS 영웅주의

한국과 베트남은 수천 년의 민족 역사를 통하여 애국주의라는 민족 정신이 동일하게 형성되었다. 애국주의는 민족의 전통적인 민족정신과도 밀접하게 관련되겠지만 왕에 대한 충성과 국가를 중요시하는 불교와 유교의 영향도 많았다고 할 수 있다.

한국과 베트남에서는 민족정신과 유교의 결합으로 강한 애국주의를 형성하게 되는데 그 결과는 많이 다르게 나타난다. 베트남은 애국주의가 영웅주의를 형성하며 영웅이 국가를 세워 많은 영웅을 배출했다. 반면 한국은 뿌리 깊은 지역주의, 가문주의, 파벌주의와 유교의 당파로 인해 모함과 유배문화를 만든 아쉬운 역사를 지니고 있다.

한국과 베트남의 애국 지수 비교

2022년 7월 2일 매일경제신문은 애국주의와 관련하여 오스트리아의 사회과학 연구기관인 '세계가치관 조사(World Values Survey)'의 의식 조사 결과를 보도했다. 이 연구기관은 푸틴 대통령의 우크라이나 침공과 관련하여 세계인들의 의식을 알아보기 위해 조사를 시행했다고 밝혔다. 연구소는 "만약 전쟁이 일어난다면 당신은 조국을 위해 싸우겠습니까?"라는 질문의 응답을 분석했다. 이 질문에 대해 한국

응답자들은 67.4%가 "싸우겠다."라고 답변을 하여 조사 대상 79개국 중 40번째로 중간 순위였다. 한편 "싸우겠다."라고 응답한 비율이 가장 높은 나라는 96.4%의 베트남이었다. 대체로 과거 침략전쟁을 겪은 나라들에서 높은 경향이 나타났지만, 한국보다 베트남이 훨씬 높다.

코로나와 애국주의

베트남 정부는 코로나19 방역 정책을 펼치며 "적군에 대항한 것처럼 방역하자."라는 기조의 방침을 내걸었다. 베트남인들의 혈관 속에 흐르는 애국주의를 자극한 것이다. 2020년 3월 6일 이후 한국과 베트남을 잇는 모든 항공편이 중단됐다. 3월 21일부터는 모든 외국인에 대한 베트남 입국이 전면 금지되었다.

그런데도 2020년 4월 초 코로나19 누적 확진자 수가 200명으로 집계되자 베트남 정부는 "최대한 집에 있자."라며 전국에 거의 봉쇄에 가까운 고강도의 "사회적 격리"를 선언하였다.

이 조치로 인해 3주 동안 도시와 도시 간의 이동을 통제했고, 대중교통 및 택시의 운행이 중단되었다. 기본 생활을 위한 슈퍼마켓과 약국 등을 제외한 백화점, 음식점, 상점, 유흥주점 등 모든 상업 시설들의 운영이 금지되었다. 선제적 게릴라식 대응이었다. 그리고 세계에서 방역을 가장 성공적으로 완성한 국가로 평가되었다. 그러나 7월 25일에 베트남 중부 유명한 관광도시 다낭에서 코로나가 재확산되자 도시를 약 1개월간 봉쇄했다.

또 한 가지 주목할 점은 팬데믹 상황에서 베트남 화가들이 베트남 전쟁기에 유행했던 선전 포스터 화풍의 방역 홍보물을 제작한 것이다. 레 득 히엡(Lê Đức Hiệp) 화가에 의해 그려진 코로나19 방역 포스터에는 마스크를 착용한 베트남 의료진이 전사처럼 씩씩하게 서 있고, 그 위에는 "집에 있는 것이 애국심이다."라는 슬로건이 적혀있었다. 하단에 "증상 있는 자, 격리 위반자, 가짜 뉴스 및 왜곡 사실을 유포하는 자들을 즉시 신고하라."라는 문장이 눈에 띤다. 레 득 히엡(Lê Đức Hiệp)은 "베트남 사람은 선전 포스터에 익숙하여, 베트남 사람들에게 애국심을 불러일으키기 때문에 선택했다."라고 설명했다.

베트남 국민이 정부의 강력한 방역 조치에 순응하며 준수하는 이유도 베트남 국민이 코로나19에 "전쟁 정신"으로 임하고 있기 때문이다. 많은 베트남 국민이 강도 높은 정부의 방역 조치를 확실하게 준수하며 높은 단결력을 보인 현상에 대해 언론들은 베트남 전쟁 이후 처음 있는 일이라고 앞다퉈 보도했다.

8.

조상신

 한국에서 온 지인들로부터 베트남 문화에 대해 자주 받는 질문 중 하나가 개인주택, 상점, 건물, 공장 등의 입구나 꼭대기 층에 설치된 부의 신이나 조상신을 모시는 제단(bàn thờ)에 관한 것이다. 대부분의 베트남 사람의 집이나 상점에 제단을 설치한다. 이 제단은 시골뿐만 아니라, 호찌민시의 중심가 주택이나 고급 브랜드 매장에서도 흔하게 볼 수 있다.

 상점에서는 보통 매장 입구에 부의 신을 모시는 제단을 설치한다. 조상신은 개인 집에서 많이 볼 수 있는데 주로 집의 위쪽에 놓는다. 단층집에서는 천장 가까운 위쪽에 설치하고 고층인 집은 맨 꼭대기

층에 설치한다. 부의 신이나 조상신을 모시는 제단에는 빨간 전등을 켜 놓고, 향을 피우며, 음식을 올려놓는다. 그리고 일상적으로 복을 빌고, 절을 한다.

한국과 베트남 모두 조상신을 모시는데 열심인 문화를 가지고 있다. 조상신(祖上神)은 '자손을 돌보는 조상의 신'이라는 뜻으로 한국에서는 돌아가신 조상의 신위를 모셔놓은 '감실(龕室)'을 말하는데, 전라도 지방에서는 '신주단지'라고 부르기도 한다. 한국과 베트남 문화를 연구하는 학자들은 조상신 문화를 한국과 베트남 문화의 유사점으로 자주 언급하기도 한다. 그러나 조상신을 열심히 모신다는 유사점이 있지만, 그 범위나 내용에서는 베트남이 더 포괄적이고 깊다.

베트남 사람에게 있어서 '죽음의 개념은 조상이 있는 저승으로 돌아가는 것'이다. 조상은 저승에 있지만, 항상 자유롭게 왕래하며, 자손들을 보호하고 자손들은 조상신을 숭배한다. 이러한 신앙의 표현으로 조상신을 모시는 제단을 가정마다 만든다. 딘 자 카인(Đinh Gia Khánh) 교수는 그의 저서 『동남아시아 문화 배경 속에서의 베트남 민간문화(Văn hoá dân gian Việt Nam trong bối cảnh văn hóa Đông Nam Á)』에서 "조상신 문화는 동남아시아 민족들에게 나타나는 이 지역 문화의 특수성이다."라고 언급한다. 그러나 러시아의 세계적인 민족학 학자인 G.G. 스트라타노비치(Stratanovich) 교수는 "베트남 사람에게 나타나는 조상신 문화는 모든 면에서 다른 어떤 지역보다도 더 보편적이고 더 발전되었다."라고 한다. 집안에 조상신을 모시는 제단을 설치하지 않고, 숭배하지 않는 일부 가정을 제외하고는 베트남 사람에게 있어서 조상신은 거의 종교에 가깝게 되었다. 그래서 남부 사람들은 조상신 모시는 것을 '할아버지 할머니 종교'라고 부른다.[8]

베트남의 조상신 문화를 한국과 비교하여, 유사점 속의 차이점을 간단하게 정리해 보면 다음과 같다.

첫째, 한국은 일반적으로 삼대 조상까지만 제사를 지내고 모시지만, 베트남은 오대까지 모신다. 또 가문을 넘어 민족의 추앙받는 조상까지 숭배함으로 그 범위가 훨씬 포괄적이다.

둘째, 한국은 명절과 기일에만 제사를 지내지만, 베트남인은 일상적이다.

셋째, 오늘날 한국은 조상신을 모시는 제단이 거의 사라졌으나 베트남은 시골뿐만 아니라 대도시 중심가에서도 흔하게 볼 수 있다. 이 조상신을 모시는 제단 때문에 베트남에는 향을 생산, 판매하는 사업이 발달하였다.

넷째, 한국은 잘 익고, 신선한 음식을 제사상(제단)에 올리지만, 베트남인은 익지 않은 과일과 음식을 제단에 올린다. 과일을 살 때 대부분 덜 익은 과일을 사서 제단에 며칠 올려서 익으면 조상이 먼저 먹은 후 먹는다고 한다. 그래서 베트남에서는 익은 과일보다 덜 익은 과일이 더 비싸다.

다섯째, 한국에서는 무덤은 집에서 멀리하는 것이 좋다고 한다. 그런데 베트남 사람은 무덤을 집 근처에 만드는 것이 좋다고 생각하여 집 마당이나 주변의 논과 밭 등에 만든다. 특히 산이 없는 메콩델타 지역에서는 조상의 무덤이 집 근처 논과 밭에 있는 풍경을 쉽게 볼 수 있다. 조상이 가까이서 자유롭게 왕래하며 가족들을 보호해 준다는 조상신 모시는 신앙 때문일 것이다.

베트남의 조상신 문화를 한국과 비교하여 유사점 속의 차이점을 파악할 때 이들의 뿌리 깊은 정신세계를 이해할 수 있다.

9.

젓갈

사람이 태어나 자라 온 곳을 떠나 타 문화권에서 살아갈 때, 타 문화에 적응해 가는 과정에서 가장 마지막으로 변하는 것이 음식문화라고 한다. 오랫동안 하루 세끼 먹어 오던 음식을 바꾸는 것이 그만큼 어려운 일이다. 특히 한국 사람에게는 더욱 그런 듯하다. 그래서 여전히 해외여행을 갈 때 햇반, 김치, 고추장, 김 등을 챙겨가는 사람이 있다.

한국 사람이 타 문화권에서 살아갈 때, 제일 많이 생각나는 음식이 김치인데 베트남 사람은 느억 맘(Nước mắm, 젓갈, 액젓, 생선 소스)이라고 한다. 한국에 유학 간 베트남 학생들이 설날에 베트남을 방문했다가 한국으로 돌아갈 때 가장 많이 챙겨가는 것이 느억 맘이다.

생선을 절여 만든 발효 저장식품을 젓갈이라고 한다. 젓갈류를 먹는 지역은 아시아 지역으로 국한되는데, 아시아에서도 주로 동아시아이다. 이들 지역을 젓갈 문화권이라고 하는데, 이 지역에서도 한국과 베트남이 가장 젓갈 문화가 발달했다고 할 수 있다.

한국과 베트남이 이처럼 젓갈 문화가 발달했을까? 몇 가지 요인이 있지만, 주된 요인으로 고대 시대부터 벼농사를 주요 경제 유형으로 하며 살아왔고, 반도 국가로서 삼면이 바다라는 것을 들 수 있다. 젓갈 문화는 벼농사가 발달한 지역, 즉 밥을 주식으로 하는 나라에서 동시에 발달한 음식 문화이다. 그리고 바다를 접한 반도 국가에서 더욱 발전하게 되었다.

베트남에 살면서 한국에서 오는 손님들을 자주 맞이한다. 그들의 이야기에 따르면 베트남은 한국 사람이 비교적 쉽게 음식문화에 적응하며 살 수 있는 나라라고 한다. 물론 응오(Ngò, 고수)와 같은 향이 나는 채소가 들어간 음식은 먹기 힘들어하지만, 대체로 한국 사람이 베트남 음식을 쉽게 먹을 수 있는 것 같다. 한국 사람이 베트남 음식문화에 쉽게 적응할 수 있는 요인 중 하나가 국물 맛을 내거나, 음식의 양념, 소스로 사용하는 젓갈 때문이다.

베트남에서 살아가는 즐거움 중 하나가 베트남의 먹거리이다. 베트남은 음식문화가 발달한 나라인데, 특별히 면 종류와 롤(쌈) 종류의 음식이 발달했다. 그런데 이와 같은 베트남의 음식문화가 발달할 수 있었던 요인 중 하나가 다양한 젓갈 때문이다.

이 젓갈은 다양한 물 국수와 비빔국수의 맛을 내기 위해 사용되고, 여러 가지 롤 음식을 찍어 먹기 위해서 사용된다. 그리고 전채요리, 샐러드의 소스로도 사용한다. 요즈음 외국인이 즐겨 찾는 현대화한 베트남 프랜차이즈 식당에 가면 음식마다 다양한 생선 소스를 주는 데, 거기에 찍어 먹는 재미가 이만저만이 아니다.

한국과 베트남은 젓갈 문화의 유사점이 있다. 한국인의 김치와 베트남인의 느억 맘이 모두 젓갈 문화의 산물이다. 그러면 한국과 베트남의 젓갈 문화의 유사점 속에서의 차이점은 어떤 것이 있을까?

첫째, 한국이 젓갈 문화의 대표적인 국가가 된 이유가 김치 때문이라면, 베트남은 물 문화(긴 바다와 수많은 강과 호수)와 기후 때문이다. 한국과 베트남이 젓갈 문화의 대표적인 국가로 현재까지 젓갈 문화를 보존하고 있다는 공통점이 있다.

그러나 현재까지 젓갈 문화가 발전할 수 있었던 이유는 서로 다르다. 한국은 조선시대에 들어서면서 김치가 본격적으로 발달했다. 김치와 젓갈이 결합하면서, 김치와 젓갈 문화가 동시에 발전했다. 젓갈에 따라 김치의 맛이 달라졌다. 김치에 새우, 굴, 멸치, 조기 등의 젓갈을 사용하면서 김치 맛이 다양해졌을 뿐만 아니라, 젓갈의 기술도 계속 발전해 갔다.

반면 베트남에서 젓갈 문화가 발전한 이유는 다르다. 한국보다 긴 해안선을 끼고 있고, 내륙에도 강과 호수가 많아 연중 생선, 게, 새우,

장어 등을 대량으로 잡을 수 있었고, 기후 때문에 이 수산물들을 장기 보존을 위해 말리거나 소금에 절여 젓갈로 이용하였다. 또한 고온다습한 기후에서 염분과 단백질 섭취가 필요해 젓갈이 발전하게 되었다

둘째, 한국보다 베트남이 음식 조리 시 젓갈(느억 맘, 액젓)을 더 많이 보편적으로 사용한다.

한국은 두 가지 이유로 젓갈 섭취가 줄고 있다. 콩으로 만든 간장이 출현하면서 액젓의 역할을 대신하게 되었고, 최근에는 밥을 적게 먹으면서 젓갈 섭취가 줄고 있다.

그러나 베트남은 여전히 젓갈을 많이 먹는다. 베트남의 어장은 염수나 해수어를 소금에 절여 만든 액젓(어간장) 상태를 말하는데, 이것은 젓갈을 오랫동안 발효시켜 생선을 더욱 끈적끈적한 액상이 되게 한 것으로 우리나라의 어간장과 매우 흡사하다.

베트남의 이 느억 맘은 베트남 요리의 만능 조미료로 사용되고 있다. 잘 알려진 쌀국수의 국물의 맛을 낼 때도 이 느억 맘을 적절하게 사용한다. 그러나 한국의 젓갈이나 액젓은 베트남처럼 사용하지는 않는다. 느억 맘은 베트남 성인 한 명이 한 달에 한 되 정도 소비할 만큼 베트남 음식에서 빼놓을 수 없는 양념이다.

셋째, 한국은 젓갈을 생산하지 않고 먹지 않는 지역이 있으나 베트남은 전국적으로 젓갈을 먹는다. 한국에서 충남 공주군 사곡면, 경북 군위군 부계면, 강원도 원주시, 평창군 진부면 등은 젓갈을 생산하지 않았고 잘 먹지도 않는다. 이들 지역의 특징은 내륙이며, 큰 산이 가

로막고 있어 교통이 불편하였다. 그래서 수산물의 유통이 원활하지 않아 발전하지 못했던 것으로 추정된다. 물론 베트남도 생산은 주로 남쪽 지방에서 하지만 전국에서 보편적으로 먹는다.

『삼국사기』(1145)의 기록에 따르면 우리 나라 젓갈의 역사는 신문왕 3년(683년)에 처음으로 등장한다. 그 이후에 젓갈에 대한 기록이 없다가 13~14세기 고려시대에 다시 발달하였다. 최근에 한국의 젓갈 문화가 베트남의 이용상 왕자가 베트남으로 이주해 와서 베트남의 젓갈 문화를 보급했다는 이론이 제기되고 있다. 그 근거는 이용상 왕자가 살았던 그 지역이 한국에서 가장 젓갈이 발달한 지역이기 때문이다.

10.
공짜가 없는 나라

베트남은 한국 사람들이 살기에는 별 어려움이 없는 나라인 것 같다. 최소한 나의 경우는 그렇다. 매일 만나는 베트남 이웃들도 생김새며 주고받는 인정들이 낯설거나 생소하지 않다.

베트남에 오기 전 타국에서 살게 된다고 하니 모두 '문화충격'이라는 용어를 언급하며 걱정들이었다. 그러나 소위 말하는 '문화충격'이라는 것 없이 우리 가족들은 베트남 생활에 잘 적응하고 있다. 누구보다 베트남 생활에 만족하고 감사하며 살고 있다. 그런데 베트남 음식점에 가는 날이면 나는 어김없이 내가 베트남 사람이 아닌 한국 사람이란 생각을 하고 돌아오게 된다.

내가 아는 한 베트남 사람들은 정이 많다. 그러나 유독 음식점에서만은 베트남 사람들의 인정미를 찾을 수 없는 것 같다. 한국에서와는 달리 손님에게 음식의 양을 푸짐하게 준다든지, 서비스 차원에서 공짜로 더 주는 일 따위는 기대하기 어렵다. 게다가 처음 가는 사람들을 당황하게 하는 것은 식사비를 계산할 때 터무니없이 많은 액수가 적힌 계산서가 나온다는 것이다. 이유인즉, 한국에서는 당연히 '공짜'로 제공되는 물수건이며, 물, 후식값 등이 포함되었기 때문이다. 식사 후 친절하게 가져다주는 과일과 차가 공짜인 줄 알고 먹었다가 값을 계산해야 한다는 걸 알고는 뒤늦은 후회를 한 적이 베트남 생활 초기에 몇 번 있었다.

베트남 음식점에서는 음식 하나하나에 가격을 매겨 모두 계산이 된다. 처음에 베트남 음식점에 갔을 때, 차려놓은 음식이니 당연히 먹어도 되겠거니 했다가 낭패를 당하기도 했다.

어디 그뿐인가? 잘 먹고 나와서 어김없이 주차비도 계산해야 한다. 한국에서는 음식점들이 저마다 주차시설을 잘 갖춰놓고 손님들에게 더 나은 서비스를 하기 위해 애쓰는데, 음식까지 팔아주고 주차비까지 내야 한다는 게 개운치만은 않은 일이다. 어느 때는 외국인이라고 주차비를 현지인보다 두 배, 세 배로 받으려고 값을 부르는 주차요원들을 보면 화가 치밀기도 한다.

어느 날이었다. 손님을 만나러 집 근처에 있는 5성급 호텔 커피숍에 갔다. 가까운 거리라 오토바이를 타고 갔다. 호텔 주차장에 오토바이를 맡기고 손님을 만나 1시간여 대화를 나눈 뒤 집에 돌아오기 위해 오토바이를 찾으러 갔다. 주차비를 내기 위해 바지 뒷주머니에서 지갑을 여니 아내가 호텔 주차장인데 주차비를 내냐며 의아해하며 바라보았다. 나는 아내에게 다음과 같이 말했다. "베트남에는 공짜라는 게 없어. 아직 적응이 안 되었나 보군."

주차 전쟁이 치열한 한국에서도 최상의 서비스를 받을 수 있는 호텔이라면 주차 정도는 공짜로 할 수 있는데 베트남은 그렇지 않다. 대형 백화점도 마찬가지다.

베트남에는 공짜가 없다. 덤이란 게 없다. 물건을 사고팔 때나 음식점에서 음식을 먹을 때 조금씩 더 주는 걸 미덕으로 아는 나 같은 한국 사람에게는 더없이 매정한 나라가 바로 베트남이다. 그러나 이것도 문화의 상대주의라는 생각을 해 본다.

오랫동안 한국이란 나라에 살다가 베트남에 와서 공짜 없는 베트남이 기이하게 보이는 것도 당연하리라. 그런데 언제쯤 식사 후 받아든 계산서에 물값과 물수건 값이 있는지를 확인하지 않아도 될지, 주차비를 내지 않고 기분 좋은 쇼핑을 마칠 수 있을지 좀 더 살아 볼 일이다.

United Vietnam

제4부 통일 베트남

1.

통일 담론과 베트남

통일 담론에서 베트남은 우리의 선택적 모델이 될 수 없는가?

20세기 베트남 민족의 지고한 가치는 민족해방 · 조국통일이었다. 베트남은 큰 희생을 치르며 자력으로 통일을 이루었다. 20세기 한국은 '우리의 통일은 소원'이라는 노래를 온 국민이 힘차게 불렀지만, 아직도 통일을 이루지 못하고 있다. 21세기 한국 정치와 외교의 최대 담론은 여전히 통일이다.

지금까지 한국의 통일 담론에서 베트남은 중요하게 다루어지지 않았다. 그 원인은 통일 베트남에 대한 한국인의 편향적인 인식 때문이다.

이 편향적 인식은 크게 두 가지로 설명할 수 있는데, 첫째는 베트남의 통일은 정상적 통일이 아니라 북베트남의 무력 침공에 의한 '월남의 패망'이라는 인식이다. 둘째는 독일 통일이 서독 중심의 흡수 통일이자 평화 통일로 한반도 통일의 이상적 모델이라는 인식이다. 이러한 인식은 한국인의 통일 담론에 강하게 작용해 왔고, 우리의 통일 담론에 많은 제한을 가져왔다.

한때 한국 사회에서 통일 대박론이 화두가 된 적이 있었다. 각계각층에서 통일에 대한 논의가 뜨겁게 달아올랐다. '대박'이란 단어의 의미 해석에 대한 논란이 많았다. 통일은 경제적 이익의 차원을 넘어선 전 영역에 걸친 우리 민족의 국가적 기운이 용솟음치는 한반도의 지각변동이다. 한반도의 대분기가 될 수 있다.

20~21세기를 걸쳐 한국의 최고 가치가 된 통일을 앞당기고, 통일 대박론이 실현되기 위해서는 통일 담론에 대한 새로운 관점과 접근이 필요하다. 한반도 통일 담론에서 베트남도 우리의 '선택적 모델'이 될 수 없는가의 의문에서 출발하여, 통일 베트남의 긍정적 가치를 분석해 보려고 한다. 그리고 베트남도 우리의 통일 연구의 중요한 대상이 될 수 있다는 인식의 전환을 시도해 보고자 한다. 현재 베트남이 누리고 있는 통일 베트남의 대박은 우리의 통일 연구에 대한 성찰과 함께 통일에 대한 열망을 불태우게 하고 통일에 대한 접근 방법의 유연성을 요청하고 있다.

베트남 민족에게 통일은 분명 대박이 되고 있다. 베트남은 개혁개방 이후 정치적 안정을 바탕으로 경제 성장, 사회 통합, 외교 다변화,

재외 베트남인에 대한 포용, 외국과의 문화 교류 등의 정책을 적극적으로 펼치고 있다. 베트남은 아세안을 넘어 세계무대에서도 통일 베트남의 소리를 마음껏 내고 있다. 최근 중국과의 도서 분쟁을 통하여서도 동남아시아 국가연합과는 더욱 결속하고 미국과는 전략적 친밀함을 유지하며, 중국에는 국제법으로 맞서고 있다. 이것이 통일 베트남의 자신감이 아닐까?

통일 베트남의 경험을 한반도의 상황에 적합하게 **'창조적으로 적용'**할 순 없을까? 지금까지의 한반도 통일에 관한 연구가 지나치게 독일에 편중되었고, 전략적으로도 다양성과 유연성이 부족했다. 통일 전략에 발상의 전환이 필요하다.

왜 우리는 독일만이 우리의 모델이라고 생각하고 사고의 지평을 제한했는가? 통일 대박론과 함께 통일 논의가 뜨거워지면서 다시 독일 통일에 관한 각종 포럼과 학술대회가 많아졌다. 그러나 우리가 명심할 것은 북한의 통일 전문가들은 우리의 통일 전략이 독일을 모델로 하여 독일에 편중되어 있다는 것을 파악하고 있다는 것이다. 그에 대한 대책으로 북한은 이미 오래전부터 독일 통일 방식에 관한 깊은 연구를 통해 독일식 방법에 대해 북한의 방어벽을 쳐 놓은 상태이다. 북한은 남한의 통일 전략과 방안을 잘 파악하고 있다.

따라서 베트남 통일 과정에서의 특징들을 잘 분석하여 독일 통일 과정과 비교하며 한반도 상황에 적합한 '한반도식 통일 과정의 창조적 방안'이 요구된다. 통일 연구의 다변화가 필요하다. 같은 동아시아 국가로서의 베트남의 역사, 문화의 정체성, 민족의 정서와 분단의 배경은 한국과 매우 유사하다.

남북한 관계가 오랫동안 경색되어 통일 논의에 별 진전이 없다. 통일 베트남에 관한 연구가 한반도 통일 담론에 새로운 통찰력을 줄 수 있을까? 통일 베트남 탐구를 통해 우리의 통일 의지가 다시 불타오르기를 기대해 본다. 통일을 살아가는 베트남 사람을 바라보며 겸손함으로 우리의 통일도 염원해 본다. 분단된 조국을 물려주는 부끄러운 조상이 되지 않기 위해.

2.

통일 베트남에 대한 한국인의 인식

'통일 베트남'은 베트남 현대사에서 최고의 가치다. 한국인은 이 베트남적 가치에 대해 과소평가하는 경향이 있다. 왜 통일 베트남에 대한 한국인의 인식은 부정적일까? 통일 베트남에 대한 가치를 제대로 인식하기 위해서는 한국인의 베트남 인식에 대한 성찰의 자세가 필요하다. 우리의 편향된 베트남 인식이 통일의 가치를 깎아내리는 오류를 범해서는 안 된다.

식민사관의 잔재인 한국인의 남아시아 경멸 사상 위에 미국으로부터 주입된 '공산주의자 호찌민, 비겁하고 악랄한 베트콩, 무력 통일, 공산화 통일'과 같은 단어는 통일 베트남에 대한 한국인의 인식 형성에 직접적인 영향을 끼쳤다. 따라서 우리가 통일 베트남 연구를 통해 한반도 통일을 위한 혜안을 얻으려면 편향되었던 통일 베트남 인식에 대해 인정하는 자세가 선행되어야 한다.

더 나아가 베트남 전쟁의 발발 원인과 통일 과정에 대한 객관적 관점이 필요하다. 무력 통일이었다는 이유로 베트남 통일의 숭고한 가치를 전면 부정할 수는 없다. 이러한 베트남에 대한 부정적이고 편향된 인식으로 인해 지금까지 분단국 사례 연구와 통일 담론은 주로 독일에 관한 것이었다. 베트남 통일에 관한 연구는 아주 미약했다. 아니 배제되었다고 하는 것이 더 솔직한 표현일 수도 있다. 통일 논의에서 왜 베트남이 중요하게 다루어지지 않았는가에 대한 직접적인 원인을 살펴보고자 한다.

첫째는 우리가 통일 베트남의 반대 세력에 서 있었기 때문이다. 베트남 전쟁은 베트남 민족의 통일 전쟁이었다고 평가할 수 있다. 그러나 미국은 베트남의 통일을 북쪽이 주도하게 될 것을 예측하고 자유 민주주의의 수호와 도미노 이론을 명분으로 베트남 전쟁에 깊게 개입했으며 분단화 전략을 추구했다.

결과적으로 한국은 베트남의 통일을 반대하는 세력으로 베트남 전쟁에 참여하게 되었다. 그 이후에도 우리의 참전을 정당화하기 위해 통일이 아니라 '월남 패망'이라는 인식을 유지했기 때문에 통일 베트남에 관한 연구에 한계가 있을 수밖에 없었다.

둘째, 우리는 베트남 통일 세력에 대한 가해자였기 때문이다. 종전

후에 한국 정부는 가해자 입장에서 베트남 전쟁에 대한 역사 인식을 유지해 왔다. 베트남 통일 세력에 대한 가해자가 어떻게 베트남 통일을 배우기 위해 연구할 수 있겠는가?

셋째, '공산화 통일'이라고 통일 베트남을 깎아내린 선입견 때문이다. 통일 베트남은 베트남 민족에게 현대사의 가장 위대한 사건이었다. 그러나 한국인은 월남이 패망한 부정적 사건으로 기억하고 있다. 남베트남이 패망함으로 인해 베트남이 공산화된 사건으로 인식하게 되었다.

넷째, 무력으로 통일했다는 점 때문이다. 한국인은 베트남이 무력으로 통일되었다는 인식이 매우 높다. 한국은 평화 통일을 원하기에 무력으로 통일을 이룬 통일 베트남에 관해 연구하는 것을 회피하는 경향이 있었으며, 우선순위에서도 밀렸다고 할 수 있다.

그러나 통일 베트남 연구를 통해 왜 베트남은 엄청난 희생을 치르면서까지, 원하지 않았던 무력 통일의 길로 갈 수밖에 없었는가를 이해한다면 통일 베트남의 가치에 대해 새롭게 인식하게 될 것이다.

한국인이 통일 베트남을 더 유연성 있게 논하기 위해서는 공산화 통일과 무력 통일에 대한 인식의 틀을 조정할 필요가 있다. 그러면 통일 베트남을 더 객관적 시각에서 접근할 수 있을 것이다.

3.

하노이와 호찌민이 포옹할 때까지

베트남 통일 이후, 하노이는 베트남 정치와 문화의 중심이 되었고 호찌민은 경제의 중심이 되었다. 하노이 사람은 사상성이 강하여 경직된 성향이고, 호찌민 사람은 개방성이 강하여 유연한 성향이다. 이러한 성향의 연유를 일반적으로 분단 이후 하노이는 공산주의 세력이 장악하였고, 호찌민은 자본주의 세력인 프랑스와 미국의 영향력 아래에서 시장경제를 표방한 자유민주주의 정권이 들어서서 그렇다고 한다. 그러나 이러한 논리는 부분적으로는 일리가 있으나 정확하지 않은 설명이다.

우리는 베트남 통일 과정과 통일 이후 남북 베트남의 삶의 통합 과정의 이해를 위해 남북 베트남의 문화적 차이에 대한 선이해가 필요하다. 이 부분은 한반도 통일과 통합 과정에서도 동일하게 적용할 수 있다. 세계의 역사와 문화를 살펴보면 특이한 공식이 하나 발견된다. 남방은 개방성과 유연성이 강하여 경제가 발달했고, 북방은 사상성과 민족성 강하여 이념을 중시해 왔다.

비교와 대조의 관점에서 베트남의 하노이와 호찌민, 한반도의 평양과 서울, 중국의 베이징과 상하이, 영국의 에든버러와 런던을 분석하면 동일한 특징이 나타난다. 하노이를 평양, 북경과 비교해 볼 수 있고, 호찌민을 서울, 상하이와 비교해 볼 수 있다. 비교와 대조를 통해 두 지역 사람들의 성향을 이해할 수 있다.

하노이는 북방문화(중국, 몽골 등의 대륙문화)의 영향을 많이 받았고, 호찌민은 남방문화(페르시아, 인도, 크메르, 말라야 등의 해양 문화)의 영향을 많이 받았다. 그리고 근, 현대에 들어서 호찌민은 오랫동안 서구 문화의 영향을 직접적으로 받기도 했다. 이 부분도 베트남과 한국이 유사하다. 고대 시대부터 북부 하노이 사람들은 민족성과 사상성이 강했다. 하노이가 공산주의 영향의 지역이라서가 아니라 지정학적 삶의 환경으로 인해 고대부터 민족성과 사상성이 강하게 나타났다. 하노이 사람들은 고대 시대부터 베트남의 전통적 수도, 민족의 중심이 하노이라고 인식하고 있다.

남한 사람은 생각하기를 북한 사람은 공산주의 세뇌 교육을 받아서 사상성이 강하다는 선입견이 있다. 물론 세뇌 교육의 영향도 있지만,

실제로 북한 지식층은 전통적으로 그 지역이 한민족의 기원지라는 민족 자긍심이 강하다. 북한 사람은 자기 지역에 고조선, 고구려, 고려의 수도가 있었으며, 한반도 역사의 정신세계를 주도해 왔다는 의식이 있다. 하노이 사람도 똑같은 인식을 한다.

따라서 한반도의 통일문제는 어쩌면 고구려와 발해의 역사까지 거슬러 올라가야 하는 북쪽과 남쪽의 민족의식과 사상문화의 차이에서 기인한다. 이러한 남북의 사상문화의 차이점은 베트남도 통일 과정에서 동일하게 직면했었다. 이 사상문화의 차이점에 대한 이해는 베트남 통일 이후, 진정한 통합이라고 할 수 있는 삶의 통합으로까지 나아가는 해결점이며, 한반도 통일 과정에 주는 시사점이기도 하다.

2013년 12월, 서울의 한 대학교 통일학회의 새터민(북한이탈주민) 학생 20여 명이 분단국 경험 연수 프로그램으로 베트남을 방문한 적이 있다. 이때 '통일 베트남과 한반도에 주는 시사점'이란 제목으로 강의한 후 질의, 응답 시간을 가지며 북한 출신 대학생과 교제할 시간이 있었다. 나에게는 북한에서 고등학교를 졸업한 대학생의 한반도 역사 이해와 민족의식 그리고 사상문화에 대한 상황을 이해할 수 있는 좋은 기회가 되었다.

북한 출신 대학생들은 고조선과 고구려 그리고 고려로 이어지는 한반도 역사와 문화를 주도해 온 곳이 북쪽이었다는 인식이 매우 강했다. 북한이 한반도 민족문화의 중심이었다는 인식을 지니고 있었다. 그리고 왜 조선이 수도를 남쪽의 한양으로 천도했는지에 대한 정치적 배경도 잘 알고 있었다. 남한 지도자들이 북한 지도자들과 통일과 통합에 대해 논의하려면 북한 지식층의 이러한 인식에 대한 폭넓은 이해가 필요할 것이다.

베트남 통일 이후 남북 주민의 삶의 통합 과정에서 남북 주민의 사상문화 차이에 대한 이해는 매우 중요했다. 이것은 남북 베트남 주민의 진정한 삶의 통합에 대한 해결점으로 작동하고 있다. 남북 사상문화의 큰 간격에 대한 심층적 이해는 한반도 통일 과정에서도 새로운 관점과 통찰력을 제공할 것이다.

4.
신적 시간을 움직인 통일 의지

"인류의 양심에 그어진 상처"

베트남 전쟁의 성격

한반도는 한국전쟁으로 인해 분단이 고착화되었지만, 베트남은 베트남 전쟁을 통해 통일되었다. 20세기 인도차이나반도의 가느다란 한 모퉁이에서 30년간 전쟁이 이어졌다. 베트남은 30년간 프랑스·미국과 싸웠다. 인도차이나반도에서 발생한 30년간의 전쟁은 프랑스의 '식민지 재점령 전쟁'이었고, 표면적으로는 미국의 동남아시아에서 공산주의의 확산을 막는 자유민주주의 수호 전쟁이었다.

하지만 내면적으로는 '미국의 식민지 전쟁'이었다고 할 수 있다. 한국은 남의 나라 전쟁에 연인원 32만 명이라는 엄청난 인원을 파병하면서 자유민주주의 수호를 외쳤지만 결국은 베트콩 잡고 누린 '월남특수'의 전쟁이 되었다. 베트남 민족에게 베트남 전쟁은 서구 식민제국으로부터의 독립전쟁이었으며, 미제국주의자로부터의 민족해방 전쟁이자 남북통일 전쟁이었다.

베트남 전쟁은 인류 전쟁사에서 가장 많은 폭탄과 돈이 투입되었으며, 가장 많은 화학무기(고엽제)를 뿌린 전쟁이었고, 가장 잔인하게 사람을 죽인 전쟁이었다. 호찌민시의 전쟁범죄 고발전시관의 통계 도표에 의하면 세계 2차 대전에 500만 톤의 폭탄을 사용했으나 베트남 전쟁에서는 1,430만 톤의 폭탄이 사용되었다. 세계 2차 대전에 사용된 돈은 미화 3,400억 불이었지만, 베트남 전쟁에서는 6,760억 불이 사용되었다.

종전과 함께 북베트남 중심의 사회주의 공화국으로 통일이 되었다. 베트남은 통일이 된 1975년 4월 30일을 해방 기념일이라고 명명한다. 제네바 협정을 어긴 침략자들, 미제국주의자를 몰아내고 남쪽의 동포를 해방한 날이라는 의미이다.

1964년 린든 존슨(Lyndon Baines Johnson) 대통령은 북베트남의 수도 하노이에 전략적 융단 폭격을 승인했다. 하늘에서 보이는 건물은 폭격기가 모두 부숴버렸다. 사람들은 땅굴에 몸을 숨겼다. 47년이 지난 2022년 현재 하노이에는 화려한 고층 건물들이 빽빽하게 들어섰다. 72층의 경남 랜드마크 타워, 전체 면적이 여의도 63빌딩의 약

1.5배인 25만㎡에 달하는 지하 5층 지상 65층의 화려한 롯데 센터 하노이, 29층의 참빛 그랜드 플라자 특급호텔, 대우호텔 등이다. 아이러니하게도 모두 한국이 투자해서 지은 화려한 건물들이다.

통일 이후 베트남은 하노이 홍강의 기적으로 국가를 재건하고, 2000년 미국과 베트남 무역협정과 2007년 WTO 가입으로 사이공강의 화려함을 회복하며, 6~8%대의 경제발전을 하고 있다. 태평양으로 바로 이어지는 베트남의 메콩강에서 메콩강 프로젝트를 통해 아시아 태평양 시대 속에서 베트남의 미래 지도를 그리고 있다.

통일 베트남은 안정된 정치를 바탕으로 외국자본과 재외 베트남인들의 자금을 적극적으로 유치하며 공업화, 현대화를 외치며 성장의 가속페달을 깊게 밟고 있다. 서구열강의 식민지 시대와 미-소 중심의 냉전 시대 환경 속에서 탄생한 민족주의를 바탕으로 한 베트남의 공산주의는 국가발전을 위해서 체제 유지만 담보된다면 모든 것을 포기할 수 있는 유연성을 가지고 있는 듯하다. 중국과는 또 다른 베트남 민족성을 강하게 띤 베트남 공산주의는 독특한 베트남식 시장경제로 통일 베트남의 저력을 마음껏 보여주고 있다.

베트남 통일을 실현한 원동력은 무엇이며, 통일 과정에서 한반도에 주는 시사점은 무엇인가? 베트남 통일 과정을 분석하며 한반도의 미래를 전망해 본다.

통일 의지

베트남 통일 과정에서 가장 중요한 요소는 강력한 통일 의지였다. 이 통일 의지는 기적을 만들었고, 신적 시간을 움직였다. 통일 의지는 지도자에게서 시작하여 베트남 인민들의 가슴에 시대적 사명, 최고의 가치로 자리 잡았다. 베트남 민족의 지도자 호찌민은 민족해방·조국독립의 기치를 들고 미국과 전쟁을 치르면서 위기 때마다 민중들의 가슴에 통일의 비전을 심어줬다.

베트남 정부에서 공식적으로 공포하고 국가문서로 보관하는 호찌민의 유언장에 다음과 같은 시가 있다. 이 시는 호찌민이 사망했던 해인 1969년에 지은 '1969년 봄을 맞이하면서'라는 제목의 시이다.

> 독립, 자유를 위하여
> 미국이 물러가도록 쳐야 한다.
> 동포 전사들이여, 일어나라.
> 북남이 서로 합치면, 이보다 더 기쁜 봄이 있겠는가!

이 시와 시의 전후 문장에서 호찌민은 미국과의 전쟁은 민족의 구국 전쟁이며, 이제 총궐기로 일어나야 할 시점이 다다랐다고 말한다. 수많은 희생과 고통이 따르겠지만 우리는 반드시 승리할 수 있으며, 승리의 길에 서 있으니 끝까지 대동단결하여 미국을 물리치자고 유언을 남겼다. 호찌민은 떠났지만 이 유언장은 베트남 민중들의 가슴을 더욱 뜨겁게 했다. 그러나 그 해 한국은 5만 명을 추가로 파병했다.

20세기 중반에 프랑스, 일본, 미국을 차례로 물리치고 통일을 이룬 베트남, 불가능할 것만 같았던 베트남 통일, 통일을 이룬 힘은 베트콩도 아니었고, 게릴라 작전도 아니었고, 험난한 정글도 아니었다. 호찌민과 보 응우옌 지압 장군의 지도력도 아니었다. 미국의 정치적 상황도 아니었고 세계여론도 아니었다. 베트남 통일의 힘은 베트남 민족의 통일 의지였다. 이 통일 의지는 지난 2천여 년의 역사 속에서 형성된 저항적 민족의식이었다.

베트남이 프랑스의 항복을 받아낸, 디엔 비엔 푸 전투는 세계적으로 전쟁을 연구하는 학자들에게 인류의 전쟁사에서 풀리지 않는 수수께끼로 남아있는 전투이다. 베트남이 어떻게 프랑스 명장이 이끄는 프랑스 군대를 상대로 승리할 수 있었을까? 베트남은 어떻게 세계 최고 군사 강대국인 미국과 한국을 포함한 그 우방국들을 물리치고 통일을 실현할 수 있었을까? 그것은 베트남 민족의 혈관 속에 흐르는 특유의 저항적 민족주의 때문이었고, 이것은 통일 의지로 승화되었다. 통일 의지는 통일에 대한 자신감이었다. 호찌민은 계속해서 베트남 인민들에게 우리는 통일할 수 있다는 자신감을 심어줬다.

베트남 통일의 원동력인 통일 의지를 이해하기 위해 우리는 베트남의 역사를 잠깐 살펴볼 필요가 있다. 동시에 오늘 남한의 통일 의지는 어떠한지, 남한은 통일에 대한 자신감이 있는지에 대해 자기 성찰적 관점에서 통일 의지를 점검해 볼 필요가 있다. 강력한 통일 의지는 통일의 시간을 움직이게 하는 'His Time(신의 시간)'과 비례한다고 할 수 있다. 역사가 'His'와 'Story'의 합성어라면 역사를 진행하는 근거는 'His Time'이다. 인간의 강력한 의지는 신적 시간을 가능케 한다.

2천여 년의 베트남 역사를 관통하는 주제는 '저항적 민족주의'로 요약할 수 있다. 베트남인 역사학자가 쓴 모든 역사책이 이 기조를 유지하고 있다. 또한 서울대학교 역사학과 유인선 명예교수도 그의 『새로 쓴 베트남 역사』 책에서 역사 서술의 키워드를 저항의 관점에서 서술하고 있다. 베트남 사람은 독립할 때 자유가 있고 자유가 있을 때 행복하다는 의식을 지니고 있다. 이러한 의식은 수천 년의 침략에 대한 저항의 역사로 인하여 형성된 의식이다.

이러한 의식은 통일에 대한 강렬한 의지가 되었다. 베트남 통일 과정에서 발견하는 베트남 통일의 근원적 힘은 물리적 군사력을 초월한 신적인 힘을 갖게 한 통일 의지였다. 이러한 관점에서 성찰할 때 한국인의 통일 의지는 아직도 신적 시간(His Time)의 바늘을 움직이기에 충분하지 않은듯하다.

한반도 분단 문제 해결에 있어 가장 중요한 것은 한국인들의 의지와 역량이다. 통일이 없으면 한반도의 미래는 없다는 절박함이 있는가? 분단 안주론에 빠진 건 아닐까? 르완다 속담에 "혼자 가면 빨리 가지만 함께 가면 멀리 갈 수 있다."라는 말이 있다. 통일 당시 서독의 헬무트 콜 총리가 이 말을 자주 언급했다고 한다. 먹고 살 만한 경제적 상황이 우리의 통일 의지를 약화시키지는 않는가? 우리 민족의 가슴을 뜨겁게 할 통일의 꿈을 불태우는 지도자를 아직 만나지 못했는가? 왜 한반도의 신적 시간의 바늘은 이렇게 더디 움직이는가?

5.

사람의 이동

제네바 협정 · 미국과의 전쟁 기간 · 통일 이후 · 통일의 주역

베트남 통일 전후 과정에서 세 번에 걸친 사람의 대규모 이동이 있었다. 사람의 이동은 통일을 실현하는 중요한 힘으로 작용했으며, 통일 이후 진행하는 통합 과정에서도 긍정적으로 작동했다.

첫 번째 이동 : 1954년 제네바 협정

사람들의 첫 번째 이동은 1954년에 발생했다. 1954년 7월 20일 제네바 협정이 종료되고, 그 결정이 실행되었을 때 종교와 사상에 따

라 두 방향으로 사람들이 이동했다. 이 제네바 협정에 근거하여 남북의 주민은 개인의 자유의지에 따라 300일 이내에 자유롭게 이동할 수 있었고, 300일 이후에는 17도 선을 기준으로 분단했다. 또한 2년간 신탁통치 후, 1956년에 총선을 통해 베트남은 통일된 자주독립 국가가 되는 것을 문서로 공식화하였다.[1]

이 첫 번째 이동은 1954년 6월 제네바 협정이 진행되는 과정에서 미국의 아이젠하워 대통령이 제안했었다. 양쪽 주민들이 자유롭게 한 지역을 선택하여 이주할 수 있는 자유를 보장하자는 것이었다.

이때 북부지역 주민들이 남부로 대거 이동하였는데 대부분은 가톨릭 신도였다. 미국의 제독 지휘하에 태평양 지역에 있는 미국의 수륙양용전차를 이용하여 남쪽으로 수송했는데, 미국은 이 이동을 위해 적지 않은 돈을 지출했다. 워싱턴의 외국 원조 기관은 북부에서 남부로 이동하는 주민들을 위해 4천만 달러의 지원을 결정했다. 이동이 완료되고 1955년 미국 정부는 남부 베트남 정부에 이주 비용 명목으로 6천만 달러를 지원했다.[2]

종교와 사상에 따른 두 방향의 대이동이었다. 북부에서 남부로 이주해 온 사람들은 사이공(호찌민) 주변 지역에 거주했다. 이주해 온 대부분 사람은 북부 닌 빈(Ninh Bình)성의 팟 지엠(Phát Diệm) 출신인데, 팟 지엠은 베트남 북부의 최초의 가톨릭 교구이며, 가장 큰 가톨릭 교구가 있는 지역이다. 동시에 남부에서 북부로는 일부 군인과 공산주의자들이 이동하였다.[3]

1955년 북부 베트남 민주공화국 정부의 통계에 따르면 북부에서 남부로 이동한 가톨릭 인구는 신도가 543,500명, 사제가 809명이었다.[4] 실제 숫자는 이보다 더 많을 것으로 추정한다.

남베트남 정부는 북부에서 이주해 온 가톨릭 신자들을 호찌민시에서 가까운 동나이성의 비엔 호아(Biên Hòa)와 그 주변에 집중적으로 모여 살도록 했다. 그 결과로 2005년 동나이성에서 발행한 연감에 의하면 동나이성은 인구의 약 35%가 가톨릭 신자로 대부분이 북베트남에서 이주해 온 사람들이었다. 남부 베트남 사람들은 1954년 북에서 남으로 이주해 온 사람들을 '박 남프(Bắc 54)'라고 부른다. 즉 1954년 제네바 협정 때, 남으로 내려온 북부 사람이라는 의미이다. 이로 인해 자연스레 북부 문화와 남부 문화가 서로 접촉하게 되었고 통합하는 통로가 되었다.[5]

두 번째 이동 : 미국과의 전쟁 기간

베트남은 정치 체제와 문화가 다른 두 지역으로 나뉘어 있었다. 1954년부터 1975년까지 베트남은 서로 다른 두 개의 정치 제도를 가지고 두 지역으로 분단되었다. 하노이를 중심으로 한 북부 지역과 사이공(호찌민)을 중심으로 한 남부 지역이었다.

1960년부터 1975년 사이는 미국에 저항하는 시기였다. 미국이 제네바 협정을 위반하고 베트남의 영구 분단화 조치에 돌입했기 때문이다. 미국은 하노이 폭격에 이어 지상군 파병을 증강하고 우방군의 지원을 요청했다. 미국의 하노이 폭격 이후, 많은 북부지역의 청년 단체가 라오스, 캄보디아와 국경을 접하고 있는 험준한 산악지대에 호찌민 루트라는 땅굴을 파고 남부로 내려가서 남부 지역 동포들과 함께 미국에 대항하여 싸웠다. 이들은 남부 농촌지역 곳곳으로 흩어져 농민들을 의식화했다. 1965년부터 1975년까지 10년 동안 북베트남(하노이)에서 남베트남(사이공)으로 약 9만 명의 청년들이 내려왔다. 그들 중에는 군인, 고급기술자와 의사들도 있었다. 남부로 내려온 9만 명 중 약 7천 명이 전쟁에서 희생되었다.[6]

1954년부터 1975년 사이에 발생했던 대규모 사람들의 이동은 베트남 역사에 유례가 없었던 일이다. 베트남은 두 지역으로 나뉘어 있었지만, 이 사람들의 이동은 남부와 북부 문화의 이질성을 감소시켰고, 양 지역 문화를 통합하는 출발점이 되었다.

세 번째 이동 : 통일 이후

세 번째 이동은 1975년 통일 이후의 이동이다. 이때부터 남과 북 사이에 전면적인 큰 이주가 발생했다. 이러한 이주는 서로 다른 점의 장벽을 넘어 남과 북 사이에 문화 통합의 역할을 했다. 임무 완성을

위해 공격부대로 남으로 갔던 군인들이 북부지역으로 돌아왔다. 북부
지역에서 졸업한 대학생이 남부로 발령을 받아 내려왔다. 1980년대
들어서는 북부 평야 지역의 인구 밀도가 높은 지역과 북중부의 황무
지 지역에서 남부의 럼동성과 서부 고원 지대 그리고 동남부 지역의
국토 개발사업을 위해 많은 북부 사람이 이주해 왔다.[7]

이 국토 개발 사업은 정부 차원의 남북 통합과 사회주의 경제 정착
을 위해 추진했었다. 정부가 경작이 필요한 지역으로 이동한 사람들
에게 새로운 생활을 시작할 수 있도록 도와주는 것이었다. 사회주의
경제 정책의 실현 방안으로 진행된 국토 개발사업에 따른 사람의 이
동이었다.

이 지역으로 이동한 북부 사람은 노동자와 평범한 인민들이었다.
그리고 남부 지역의 각 도시에 간부급의 북부지역 사람이 배치되었
다. 하노이 정부는 통일 이후 남쪽으로 많은 북쪽 지도급 인사들을 이
동시켰다. 북부에서 내려온 사상이 투철한 지도급 인사들이 지방 정
부, 각 기관, 교육기관을 관장하였다.

통일 정부는 남북의 통합을 진행하면서 사람들의 이동에 의한 남북
통합정책을 추진했다. 통일 이후 하노이 정부는 '조국은 하나다.'라는
푯말을 곳곳에 세우며(특히 소수민족 밀집 지역) 국가통합을 진행했다.
그러나 통합정책의 난관이 있었는데 그것은 분단 기간에 형성된 사상
문화의 이질성과 54개로 구성된 다민족 사회라는 것이다. 특히 15%
정도를 차지하는 소수민족에 대한 통합정책이 최대의 관건이었다.

1953년 한국전쟁 종전 이후 현재까지 한반도의 분단 역사에서 베트남에서와 같은 남과 북 사이에 일어난 대규모 사람의 이동은 전혀 없었다. 그러나 2000년대 들어서면서 북한이탈주민의 남한 유입이 증가하고 있다. 이들의 안정적 정착과 북한으로의 좋은 소문 전달, 그로 인한 북한 주민들의 남한으로의 대규모 이동은 통일 직전에 일어날 수 있는 현상으로 분석할 수 있다.

베트남과 독일의 통일 과정에서 동일하게 발생한 특징은 사람의 이동이었다. 이 사람의 이동을 어떻게 수용하고 정책적으로 활용하느냐의 문제가 통일을 실현하고 통합으로 나아가는 관건이었음을 우리는 기억해야 할 것이다.

통일 베트남의 주역 : 프레임 전쟁에서 실패한 미국

베트남 통일의 주역이 누구였는가? 북베트남 주도의 통일을 완성했지만, 통일 과정에서의 주역은 남베트남 주민들이었다. 더 구체적으로 말하자면 남베트남의 민족해방·조국통일 세력이었다. 남베트남 주민이었지만 외세를 물리치고 자주적 남북통일을 지지하는 세력이었다고 할 수 있다. 외세를 물리치고 통일을 열망하는 남쪽 주민이었다.

독일에서도 이와 같은 현상이 발생하였다. 서독 중심의 흡수 통일이었지만 독일 통일을 완성한 주역은 동독 주민이었다. 서독처럼 경제적으로 잘 살고자 하는 동독 주민들의 열망이 자연스레 베를린 장벽을 무너뜨렸다. 베트남과 독일에서 동일하게 발생한 공통점은 통일 과정에서의 실제적인 주역이 통일을 주도한 측이 아니라 상대측의 주민들이었다는 것이다.

그러나 차이점도 있다. 동독 주민은 경제적 부유함에 대한 열망으로 통일을 염원하며 서독으로 이동을 했지만, 베트남의 상황은 사상적 측면이 강하다. 가난하게 살아도 외세를 몰아내고 자주독립 국가를 원했다. 이러한 정황으로 인하여 독일은 흡수 통일의 평화 통일이 가능했고 베트남은 불가피하게 무력 통일로 갈 수밖에 없었다.

베트남과 독일의 통일 과정을 분석하면 한반도의 상황도 통일의 실제적 주역은 북한 주민이 될 가능성이 있다. 특히 북한 이탈주민들의 역할이 중요하다. 통일의 주역은 북한 주민이지만 통일을 마무리하는 것은 남한의 역량이다.

세계 최강 미국은 왜 베트남 통일의 주역이 되지 못했는가? 남북 베트남 전쟁을 미국은 북베트남 대 미국의 전쟁으로 프레임을 설정하는 실수를 범했다. 남베트남이 싸우도록 해야 할 전쟁을 미국이 대신 싸웠다. 미국은 이 전쟁을 자유주의와 공산주의 전쟁으로 프레임을 설정하고 홍보하며 우방국들의 참전을 이끌었다.

그러나 베트남 내부에서는 프랑스 식민지 시절의 민족해방 · 조국독립 정신의 연장선에서 민족해방 · 조국통일 전쟁으로 프레임을 형성하고 남북 주민의 결속을 유도했다. 조작된 프레임과 본질적 프레임의 싸움이었다.

6.

언어의 진화

해방→남부해방·국가통일→통일 베트남

언어는 사물이 아니다. 언어에는 뇌가 있다. 언어는 인식의 표현이
다.

해방

베트남 사람은 4월 30일을 해방일이라고 부른다. 가장 큰 국경일
로 지키며 국기를 게양한다. 이 땅의 침략자인 미제국주의자를 몰아
낸 해방일이라는 의미이다. 좀 더 자세하게 설명하면 미제국주의자에

의해 고통당한 남쪽 동포들을 해방한 날이라는 의미이다. '해방'이란 언어가 베트남 민족주의자에겐 가장 적합한 역사 인식이라고 하더라도, 통일의 의미가 빠진 4월 30일에 무언가 허전하고 부족하다는 생각을 나는 오랫동안 하고 있었다. 그러던 중 한 학술대회에서 만난 베트남인 소장파 역사학자들도 이러한 인식을 하고 있다는 것을 알게 되었다. 개혁개방 이후 세계 여러 나라와 외교관계를 맺고 세계화 시스템에 접속한 베트남이 4월 30일을 해방의 의미만으로 한정하는 것은 분명한 한계가 있다고 생각했다.

남부해방·국가통일

2000년도에 베트남 전쟁 종전 이후 미국의 대통령으로서 클린턴(William Jefferson Bill Clinton) 대통령이 처음으로 베트남을 방문했다. 이를 계기로 미국과의 관계에서도 급속한 변화가 일어났다.

특별히 인권과 개신교 영역에서 변화가 많았다. 통일 이후 개신교가 종교 법인으로 국가의 공인을 못 받았는데, 2001년도에 개신교가 종교 법인으로 공인받았고, 개신교 신학교가 정부 인가를 받고 개교를 했다.

무엇보다도 큰 변화는 4월 30일을 '해방'이란 언어만 공식적으로 사용하던 베트남 정부가 2000년부터 '남부해방·국가통일'이라는 용어를 공식적으로 사용하기 시작했다. 이것은 4월 30일에 대한 베트남의 역사 인식의 변화이며, 세계와 접속하고 세계와 소통한 결과라고 분석할 수 있다.

통일베트남

나는 4월 30일을 명명하는 언어를 '해방'에서 '남부해방·국가통일'에 이어 '통일 베트남'으로까지 나아가리라고 예측한다. 왜냐하면 개혁개방 이후 국가발전을 위해 아픈 과거의 역사를 잊고 사상적 측면을 보류해 온 베트남이기 때문이다. 미-소 냉전체제에서 미국과 싸워야 하는 베트남은 민족해방·조국통일을 위해 공산주의를 차용할 수밖에 없었다. 민족주의 성격을 강하게 내포한 베트남 공산주의는 현실주의와 실리주의를 추구하기에 유연성을 가지고 있다.

이 베트남이 4월 30일을 '통일 베트남'으로 다시 한번 그 언어를 전환하며 세계 속의 베트남으로 우뚝 서기 위한 변신을 하지 않을까? 베트남이 4월 30일을 '통일 베트남'으로만 명명하는 날에는 어느 경제학자의 예측처럼 아시아의 3대 경제 대국 중에 하나로 성장해 있을 가능성이 있다.

7.

통일 이후 경제 정책 변화 과정

1976년 4월 25일, 베트남은 통일 이후 제1대 총선거를 시행하여 국회의원을 선출하고 국회를 구성하였다. 통일 이후 개최된 첫 총선거와 국회 구성, 이것은 통일 베트남 역사에서 매우 중요한 사건이다. 통일 이후 첫 총선거에 전 국민의 98.8%가 투표를 했다. 국회를 구성하고 그해 6월 말부터 7월 초까지 첫 통일 국회가 개최되었고, 국회에서 국가 이름, 국기, 국가, 국호, 수도를 결정했다.

이어 그해 12월 14일부터 20일까지 하노이에서 베트남 공산당 제4차 전당대회를 개최했다. 이것은 통일 이후 개최된 첫 전당대회로 당시 155만 명의 당원 중 대표자 1,008명이 참석하여 사회주의 계획경제 체제로의 전환을 결정했다.

계획경제

두 정부 조직의 통합을 진행함과 동시에 경제를 통합해 나갔다. 경제 통합 정책은 한 마디로 '사회주의 계획경제 정책으로의 전환과 전국화'라고 할 수 있다. 베트남 정부는 전국에 걸쳐 사회주의 계획경제 정책을 도입하고 시행하였다.

사회주의 계획경제 정책의 핵심은 첫째, 토지 및 기업(생산수단)의 국유화이고, 둘째는 집단 농장(생산방법의 집단화)이며, 셋째는 배급제 시행(생필품)이었다. 마지막으로 화폐개혁을 단행했다.

이러한 실제적인 방법을 통하여 사회주의 체제의 계획경제를 전면적으로 시행해 나갔다. 계획경제는 시장이 자유롭지 못했고 국가에 의해 통제되었다. 예상 밖의 복병을 만났다. 주민들은 비협조적이었으며, 생산량은 갈수록 줄었고, 절대빈곤의 상태를 피하지 못하게 되었다. 주민들은 배급표를 받아 매일 아침 일정량의 생필품(쌀, 생선, 고기, 유류 등)을 줄을 서서 받아야 했다.

베트남이나 독일 모두 통일 이후 경제적 어려움에 봉착했다. 베트남은 사회주의 계획경제 체제 전환으로 인한 어려움이었고, 독일은 동독을 부양해야 하는 데 따른 경제적 어려움이었다. 베트남은 통일 이후 10년간 절대빈곤을 탈피하지 못했다. 한반도 통일 이후에도 분명히 경제적인 어려움이 발생한다. 문제는 경제적 어려움을 최소화하고 이른 시간 안에 통일이 경제적 시너지 효과를 내도록 전환하는 정책을 세워야 한다. 한반도의 상황은 베트남, 독일과는 다르다. 준비된 통일은 남북의 경제적 강점을 잘 살려 어려움을 최소화할 수 있고, 지속 가능한 경제발전을 전망할 수 있다.

베트남의 통일도 통일 의지만큼 준비된 통일이 아니었다. 그로 인한 혼란도 있었다. 독일도 마찬가지다. 한반도의 통일은 반드시 이루어진다. 그러나 갑작스레 올 수 있다. 철저히 준비된 통일은 혼란을 최소화하고 통일의 효과를 극대화할 수 있다. 한반도의 통일은 G2(미국, 중국) 시대의 본격화와 다극 체제의 시대 그리고 중-일간 갈등 속에서 동북아시아 3개국의 균형자 역할을 하며, 국제질서를 새롭게 할 수 있다.

개혁개방

제6차 공산당 전당대회에서 개혁개방 정책을 결정하였다. 통일이 되었기에 가능한 결정이었다. 응우옌 반 린(Nguyễn Văn Linh)이 서기장으로 있던 1986~1991년은 개혁개방의 시작기라고 할 수 있다. 통일 이후 10년 동안 계획경제를 시행하다 보니 경제는 거의 파탄 지경에 이르렀다. 개혁개방 시작기인 1986~1990년 기간에 평균 3.9%의 GDP가 성장했다.

베트남 경제의 결정적 변화는 1988년부터 시행된 농부들에게 토지를 분배해 주는 '농경지의 사유화'였다. 그 결과 1988년에 4천 5백만 톤의 쌀을 수입하던 베트남이 1989년에는 1백만 톤의 쌀을 수출했고, 1990년에는 1백 50만 톤을 수출함으로 세계 쌀 수출국 3위에 오르게 되었다. 인플레이션이 1986년에는 774.7%였는데, 1990년에는 67.4%로 내렸고, 2007년에는 12.6%로 안정되었다. 경제를 "정부가 결정하던 구조에서 시장이 결정한다."라는 구호를 외치며 베트남식 시장경제 체제로 전환했다. 이로 인해 2000년대 들어서며 더 폭발적인 경제 성장을 달성했다.

2011년 세계 경제가 어려운 중에도 6%대의 경제 성장을 달성했고, 재외 교포들의 국내 송금액은 꾸준히 증가해 개혁개방 전에는 거의 없었던 것이 1995년에는 3억 달러, 2011년에는 90억 달러에 이르렀다. 2011년 기준 1인당 GDP가 1,300달러에 이르렀고, 구매력 GDP는 3,900달러에 이르렀다. 국내총생산은 1,210억 달러를 달성했다.

2014년 12월 28일 자 베트남 최대 일간지 뚜오이 쩨 (Tuổi trẻ) 3면 머리기사에서 호찌민시 인민위원회 위원장은 호찌민시의 GDP가 연초 목표보다 초과 달성한 9.6% 성장하였으며, 호찌민시 1인당 연평균 수입이 2013년의 4,545달러보다 12.89% 인상된 5,131달러로 발표했다.

세계화 시스템에 접속

세계화의 시스템에도 적극적으로 접속해서 1992년에 EU와 무역 협정을 맺었고, 1995년에 아세안의 회원국이 되었으며, 2002년에 WTO 가입 협상을 시작하여 2007년 1월에 정식 가입했다. 그리고 2014년에 한국과도 FTA를 체결했다.

2000년 미국의 클린턴 대통령이 종전 이후 처음으로 베트남을 방문하면서 미국과 베트남의 무역협정이 체결되었다. 종전 이후 미국에 의해 취해졌던 경제 조치가 해제되면서 베트남에서 생산한 상품을 북미 시장에 수출할 수 있게 되었다. 개혁개방은 남북이 더욱 통합하는 요인으로 작동했고, 재외 교포들과도 통합하는 기회가 되었다. 더 나아가 세계와 여러 방면에서 소통하면서 통일의 효과가 지속적 경제 성장으로 나타났다.

적극적 외자 유치로 지속적 경제 성장

통일에 기반한 개혁개방은 지속적 경제 성장을 이루며 도시화가 급속히 진행되고 있다. 베트남은 세계에서 빠르게 변화고 있는 국가 중 하나임이 분명하다. 이 변화의 이면에는 베트남 국가의 특수한 구조가 작동하고 있다. 베트남은 시장경제의 하부구조와 사회주의를 표방하는 상부구조가 절묘하게 공존하는 독특한 국가이다.

세계에서 가장 큰 인사이트·정보컨설팅 네트워크 중 하나인 칸타 그룹 소속의 칸타 월드패널(Kantar Worldpanel)은 2017년 6월에 발행된 보고서에서 다음과 같이 발표했다.

> "베트남의 2017년 GDP는 2011년 이후 가장 높은 성장을 기록하면서 약 6.7%의 GDP를 기대하는 상황이다. 이러한 상황 속에서 2017년 1분기 GDP 성장률은 이미 7.38%에 도달해 최근 10년간 가장 높은 1분기 실적을 기록 중이다. 빠른 속도로 성장 중인 베트남에서는 이미 외국인 투자 자본이 급속도로 늘어나고 있으며 지속적인 수출 증가와 더불어 내수시장 규모의 확장도 이루어지고 있다. 소매 상품과 서비스 시장이 매년 10%가 넘게 성장하는 수준이다."[8]

2018년 베트남경제포럼의 중앙경제관리연구원(CIEM) 보고서에서 상반기 경제 성장률을 7.08%로 발표했다. 이 수치는 2011년 이후 상반기의 가장 높은 경제 성장률이다.

베트남 국가 경제-사회 정보 예상 센터에서는 2018년 3분기(9개월)의 자료에 근거해서 6.83~7.01% 경제 성장률을 예상한다고 발표했다. 베트남 경제가 지속적 성장이 가능한 중요한 요인은 외국인직접투자(FDI)의 꾸준한 증가이다.[9]

베트남 경제의 중추적 역할을 하는 FDI는 2018년 1월부터 10월까지 전년도 대비 6.3% 증가했다. FDI의 지속적 유입 증가는 자연스럽게 국민총생산(GDP)을 증가시키며, 고용을 창출하고 무역수지 적자의 감소, 정부의 외환관리 능력을 촉진하여 경제 성장의 견인 역할을 하였다.

중요한 것은 누계 기준 국가별 외국인 투자금액 순위는 한국이 투자 건수 6,549건, 투자금액 578.61억 불로 2014년부터 1위를 유지하고 있다. 외국자본의 제조업 투자와 수출이 베트남 경제의 성장 동력의 한 축을 이루고 있는데 이것 못지않게 베트남 경제를 떠받치고 있는 것은 빠르게 성장하고 있는 내수시장이다.

지속적 FDI 유입으로 GDP와 GNI가 증가하고 인구가 1억에 육박하면서 내수시장도 꾸준히 성장하고 있다. 이로 인해 중산층이 빠르게 증가하고 있다.

베트남은 통일 이후 안정된 정치의 기반위에 지속적 개혁개방과 적극적 외국자본 유치로 지속적 경제 성장을 이루고 있다. 한국경제가 저성장의 늪에서 빠져나오지 못하고 있다. 동북아 정세가 급변하고 있다. 중국이 급성장하며, 북핵 위기 속에서 일본이 군사력을 증강한다.

한국의 경제가 새롭게 성장 동력을 얻는 길은 통일이다. 통일은 한국경제가 지속 가능한 성장 동력을 얻도록 할 것이다. 통일은 중-일 사이에서 동북아 균형자 역할을 가능하게 한다. 통일이 없는 한반도의 미래는 불확실하다. 세계 속에서 다시 비상할 수 있는 유일한 길은 한반도 통일이다.

개혁개방과 길 이름

통일 이후 얼마 지나지 않은 1975년 8월 14일, 호찌민시 인민위원회는 호찌민시의 51개 길 이름을 바꾸었다. 51개의 길 이름을 프랑스 식민시대 독립운동하던 영웅들과 미국과의 전쟁 때 공을 세운 영웅들의 이름으로 바꾸었다. 1985년 4월 4일에 계속해서 100개 길 이름을 추가로 더 바꾸었다.

그러나 1991년 8월 22일 호찌민시 인민위원회는 3개의 길 이름을 다시 짓기로 했는데, 응우옌 티 민 카이(Nguyễn Thị Minh Khai) 길은 1975년 전의 옛날 이름으로 다시 돌아왔고, 파스터(Pasteur) 길은 유명한 세균학자인 프랑스 사람 루이스 파스터(Louis Pasteur, 1822~1895)를 기념하기 위해 지었다. 통일 전의 알렉산드르 드 로드 (Alexandre de Rhodes) 길은 1985년에 타이 반 룽(Thái Văn Lung)으로 이름이 바뀌었다가 1995년에 옛 이름인 알렉산드르 드 로드로 다시 복구되었다.[10]

이러한 길 이름의 조정은 프랑스와의 관계와 개혁개방을 추진하면서 대외적 이미지를 고려한 것으로 보인다. 또한 호찌민 주민들의 정서를 배려한 문화 통합의 일환이었다.

8.

베트남의 고르바초프

호찌민시에 한국인이 약 4만 명 정도 밀집해 사는 푸미흥(Phú Mỹ Hưng)이라는 신도시가 있다. 베트남의 '분당'이라고 부르기도 한다. 이 푸미흥 신도시에 대한민국 교육부 소속의 재외 한국학교 중 세계 최대 규모의 한국국제학교가 있다. 그리고 국제학교가 다섯 개 정도 더 있다.

이 푸미흥 신도시를 관통하는 대로 이름이 응우옌 반 린(Nguyễn Văn Linh)이다. 호찌민시 인민위원회 내에는 길 이름을 짓는 위원회가 있는데, 새 길이 생기면 의미를 담아 이름을 짓는다. 베트남의 길 이름은 영웅의 이름을 빌려서 짓는데, 왜 베트남 최대 신도시, 외국인 최대 밀집 지역, 베트남의 세계화, 현대화, 도시화의 상징인 푸미흥 대로의 이름을 응우옌 반 린으로 지었을까?

베트남의 정치, 경제와 베트남의 개혁개방을 연구하는 한국인 학자들은 주로 도 므어이(Đỗ Mười)만을 알고 인용한다. 아마 그가 1991년부터 1997년까지 베트남 공산당 중앙집행위원회 서기장을 지냈기 때문일 것이다. 이 시기에 개혁 개방 정책을 본격적으로 시행하여 개혁개방의 정착기에 들어서며 그 효과를 보고 있었기 때문일 것으로 분석된다.

그러나 베트남이 사회주의 계획경제 정책에서 개혁개방으로 급전환하게 한 결정적 인물이 응우옌 반 린(Nguyễn Văn Linh, 1915~1998)이다. 그는 1986년에서 1991년까지 베트남 공산당 서기장을 지냈다. 그는 개혁개방의 길을 연 사람이고 베트남 경제가 개혁개방으로 들어서도록 큰 공헌을 한 사람이다. 베트남 현대사에서 베트남 민족을 진정으로 사랑하고 민족을 위한 지도자가 통일 전에는 호찌민이었다면, 통일 후에는 응우옌 반 린으로 평가할 수 있다.

응우옌 반 린과 관련된 실화를 소개하고자 한다. 1983년 7월 12일부터 19일까지 당시 베트남 공산당 서기장인 레 쥬언(Lê Duẩn, 1907~1986)은 구소련에서 휴가를 즐기고 있었다. 그 기간 베트남 최고 3인 지도자인 쯔엉 찐(Trường Chinh, 국가평의회 의장, 1907~1988), 팜 반 동(Phạm Văn Đồng, 수상, 1906~2000)과 보 찌 꽁(Võ Chí Công, 농업부 장관, 1912~2011)은 베트남의 고산도시 달랏에서 휴가를 즐기고 있었다.

그때 응우옌 반 린(당시 호찌민시 집행위원회 서기장)은 달랏에 가서 호찌민시의 생산 경영 책임자들과 3인 지도자들과의 직접 회동을 12일부터 16일까지 주선했다. 회동의 목적은 생산 목표와 현 생산 경영 상황을 보고하기 위해서였다. 다시 말하면 계획경제 정책으로는 노동자들의 노동 의욕이 생기지 않고, 생산량을 목표대로 달성할 수 없다는 것을 보고했다. 회동이 끝나고 1983년 7월 17일에 응우옌 반 린이 제안하여 세 명의 지도자가 각 생산 현장을 시찰하게 되었다.

생산 현장을 시찰한 후, 7월 19일에 응우옌 반 린은 세 명의 지도자와 개인적으로 만났다. 그 만남에서 응우옌 반 린은 계획경제에 대한 자신의 감정과 생각을 모두 털어놓았다. 세 명의 지도자는 응우옌 반 린의 생각을 긍정적으로 검토했으며, 한 주간의 '달랏 회담'에서 논의했던 모든 사상적 내용을 응우옌 반 린이 문건으로 정리하여 베트남 공산당 제6차 전당대회에 상정하기로 합의했다. 이것이 베트남 개혁개방의 시작이었다.

그리고 응우옌 반 린은 1986년부터 베트남 공산당 중앙집행위원회 서기장을 맡아 개혁개방을 주도했다. 그리고 응우옌 반 린에 이어 도 므어이(Đỗ Mười)가 공산당 중앙집행위원회 서기장을 맡으면서 더욱 개혁개방의 속도를 낸 것이다. 통일 이후 점진적 통합을 이루어 가며, 개혁개방을 통한 지속적 경제 성장을 이룩할 수 있었던 요인이 지도자의 유연성과 결단이었다.

인민의 행복을 위해 개혁개방을 외친 베트남의 응우옌 반 린, 호찌민시에서 기업가들을 데리고 해발 1,500미터 고산지대 달랏으로 올라간 응우옌 반 린, 베트남이 통일을 이루기까지는 호찌민이 있었지만, 통일 이후 통합 과정에서 특별히 남쪽의 상황을 솔직히 털어놓으며 개혁개방의 당위성과 필요성을 역설한 응우옌 반 린이 있었기에 지금의 베트남이 있게 되었다. 응우옌 반 린은 공산당 내에서도 비평적 관점을 견지했던 인물로 평가받았다. 그는 남베트남의 구 정부에 관련된 사람들을 받아 주는 일에 열린 시각을 가지고 있었던 것으로 유명하다.

개혁개방은 남북 통합을 자연스레 이끌었으며, 보트피플로 해외로 탈출하여 성공한 교포들의 자금을 고국으로 향하게 했다. 그리고 세계화 시스템에 접속하도록 만들었다.

공산주의를 차용하여 베트남 민족주의 색채를 강하게 띠는 베트남의 공산당, 베트남인의 민족주의와 현실주의는 민족의 번영, 국가의 발전이라는 현실 앞에서 언제든지 사상적 측면을 보류할 수 있는 듯하다.

응우옌 반 린 대로는 약 17.8 킬로의 왕복 10차선이다. 이 도로는 베트남 신도시의 심장부를 관통하는 도로이자 남부 호찌민시의 중요한 산업도로이다. 응우옌 반 린 대로는 베트남 통일 이후 개혁개방을 표방하며 안정적으로 발전하고 있는 베트남 경제의 상징이다. 이 도로는 동북쪽(하노이)으로 향하는 고속도로와 연결되고, 서남쪽(메콩델

타)으로 내려가는 고속도로와 연결되며 세계로 향하는 롱탄 신국제공
항 고속도로와 바로 연결된다. 응우옌 반 린 대로를 보며 통일 코리아
이후 뻗어나갈 대로를 상상해 본다. 북쪽으로, 만주벌판을 거쳐 유라
시아로 뻗어나갈 통일 코리아의 대로.

9.

미-중 사이 통일 베트남의 힘

미국의 아시아 회귀와 중국의 대국굴기 大國崛起 **사이에서**

1991년 12월 25일 소련이 붕괴했다. 그리고 그 이듬해인 1992년 한국은 베트남, 중국과 정식 외교관계를 수립했다. 소련 붕괴 이후, 미국 주도의 단극체제(1992~2007)가 유지되었다.

그러나 2008년 미국의 서브 프라임 모기지 사태와 동시에 오바마 정권이 출범하면서 미국 주도의 단극체제가 무너지고 G2 시대가 열렸다. G2 시대가 본격화되면서 아시아 회귀 정책(Pivot to Asia)으로 불리는 미국의 리더십 회복 전략과 중국의 대국굴기(大國崛起)의 팽창 정책이 충돌했다. 시진핑의 중국몽(中國夢)이라고 불리는 21세기 신중화사상에 근거한 공간 확장 전략으로 인해 새로운 냉전체제에 돌입했다.

미국의 '아시아 회귀' 정책은 오바마(Barack Hussein Obama) 대통령 때부터 시작하여 미국의 국무장관이었고 대통령 후보였던 힐러리 클린턴 때에 더욱 강조하였다. 힐러리 클린턴은 대통령 후보 시절 다음과 같이 말했다.

> "우리의 마지막 목표는 아시아 태평양 지역에서의 미국의 지도적 위치를 유지하고 강화하는 것이다."[11]

오바마 정권의 "아시아 회귀" 정책의 목표는 분명했다. 강하게 급부상하는 중국이 국제법을 어기며 추진하는 비원칙적인 '공간 확장' 정책을 견제하는 것이었다. 주변국들과 긴장을 발생시키는 행위에 대해 지역 안에서 미국의 지도적 역할을 통하여 중국의 행위를 약화하는 것이었다. 중국을 '포위'하고, 중국의 힘을 '약화'하는 목적으로, 오바마 정권은 지역 안의 국가들(일본, 한국, 태국, 필리핀, 호주)과 큰 규모의 합동 군사훈련을 실시하며, 동맹국들 사이에서 미국의 군사력을 보여주었다.

또한, 베트남의 동해(남중국해)에서 중국의 주권 침해적인 행동에 대해 단호하고 강하게 대응하라고 베트남을 격려하며 적극적으로 지원하고 있다. 아시아 국가들을 중국으로부터 멀리하게 하고, 일본, 한국, 대만과 군사적 관계를 강화하며, 환태평양 경제 동반자 협정(CPTPP)도 중국을 제외하고 출범하였다.

미국의 사드 배치 정책과 중국의 신실크로드 정책이라고 할 수 있는 일대일로 정책과 AIIB(아시아인프라투자은행) 창설과 가입 문제로 인해 G2 시대의 갈등이 심화되었다.

더욱이 중국이 베트남 동해상에서 활주로와 무기를 갖춘 인공섬을 건설함으로 인해 미국과 중국이 일촉즉발의 위기 상황이 발생하기도 했다. 이러한 상황에서 미국국방부 장관이 베트남을 방문하였고, 양국 국방부 장관은 안보협력을 더욱 강화하기로 합의했다.

중국은 적극적 주변외교를 추진하면서 보아오 포럼과 AIIB(아시아인프라투자은행) 설립과 운영을 통한 지도력 강화에 박차를 가했다. 미국의 아시아 회귀 전략에 대응한 봉쇄 우회 전략을 취한 것이었다. 북한은 여전히 중국의 중요한 완충 역할을 해주는 전략적 관계이다. 중국은 결코 북한을 포기하지 않을 것이다. 왜냐하면 한반도가 통일되면 미국과 직접적으로 마주쳐야 하는 중국으로서는 북한이 미국으로부터 중국을 보호하는 입술 역할을 하고 있기 때문이다.

이러한 상황들의 전개는 향후 한국의 통일 전략 추진이 더 복합적이며 가변적인 요인에 영향을 받을 것을 보여주고 있다. 한반도의 통일 문제가 당사자들인 남북한만의 문제를 벗어나 미국, 중국 나아가서는 러시아, 일본과 연계된 문제가 되었다.

그러나 이런 상황에서 베트남 통일 과정에서 얻을 수 있는 중요한 교훈은 주변국을 설득하면서도 가장 중요한 것이 남북 당사자 간의 문제라는 기본 인식을 잊지 않았다는 것이다. 한반도 통일 문제에서 주변국의 영향력이 워낙 크다 보니 북한과의 대화와 설득보다는 주변 강대국들에 의지하는 한국을 보며, 베트남 통일 전문가들은 남북한 대화와 자주통일의 중요성을 언급한다.

지난 2014년 12월 25일 호찌민국가인문사회과학대학교 A001 세미나실에서 한국의 국책 연구기관인 통일연구원과 베트남 학자들 간의 대담이 있었다. 통일연구원의 고위급 인사와 학자들이 참석했다. 나는 통역사로 참석했었다.

약 4시간 동안 여러 의제를 토론했는데, 한국 측 인사들은 한반도 통일문제가 이제는 남, 북한 간의 문제를 벗어나 주변 강대국들 사이의 이해 문제가 되었다고 주장했다. 따라서 한국은 통일 문제를 '동북아 전략과 동북아 외교적 관점'에서 접근해야 하며, 주변국들의 설득과 역할이 중요하다는 것을 강조했다.

반면 베트남 측 학자들은 베트남 통일 과정을 볼 때 주변국의 설득과 역할도 중요하지만 가장 중요한 것은 당사자들 간의 대화와 설득을 통한 자주통일에 대한 의지라고 조언했다.[12] 베트남은 자주통일을 이루었다는 자신감이 있다. 이 자주통일에 대한 자신감은 복잡한 국제 관계 속에서도 단호하게 자신의 소리를 내고 있다.

중국의 오랜 이웃 국가인 베트남, 중국의 '남진' 길에 하나의 장애물이고 아시아 태평양 지역에서 경제적으로 발전하고 있는 국가이며, 미국의 아시아 회귀 정책의 행선지 중 중요한 국가로 부각한 베트남이다.

최근 중국은 남진 정책과 공간 확장 정책으로 '도서 침입'에 힘을 쏟고 있다. 동남아시아에서의 항해, 영공 활동을 지속하기 위한 시도로 중국이 국제법을 어기며 베트남의 쯔엉 사(Trường Sa)섬을 물리적으로 점령하려고 했다. 이로 인해 아시아 태평양 지역은 격렬한 분쟁의 위험이 도사리고 있는 장소가 되었다. 미국의 '아시아로의 회귀'는 중국의 남진과 서진으로의 빠른 세력 확장을 막기 위한 것이라고 분석할 수 있다.

미국 정부는 중국을 견제할 새로운 동맹과 파트너를 찾고 있는데, 통일 베트남은 아시아 태평양 지역에서 새롭게 떠오른 협력이 필요한 대상이 되었다. 또한 통일 베트남은 동남아 지역의 영해에서 미국이 중국을 견제할 수 있는 아주 좋은 파트너이다. 중국 전문가들에게는 오래전부터 베트남에 대한 징크스가 있다. 중국의 베트남 전문가들은 말한다. 위협적이진 않으나 다루기 어려운 베트남.

미국, 중국, 베트남 3국 간의 아시아 태평양 안에서의 얽힌 이해관계는 지난 역사와 현대의 복잡한 국제 정치적 상황으로부터 발생했다. 하지만 이러한 관계 속에서 베트남은 지혜롭고 합리적이면서도 단호한 외교 정책을 실현해왔다.

미-중 사이에서 조화를 이루면서 소신껏 행동하는 베트남을 보며,

그 자신감의 근원이 통일이었음을 알게 된다. 베트남은 통일의 저력을 마음껏 발휘하며 중국과 미국 사이에서 지역의 균형자 역할을 적절하게 하고 있다. 미국과 중국 사이에서 국가 이익에 따라 지혜롭게 대처하면서도 당당함이 있는 베트남을 본다. 통일 한국의 위상과 힘을 상상할 때 한반도의 통일을 더욱 갈망하게 된다.

아시아 태평양 지역의 균형자

2015년 7월 7일, 베트남 권력 서열 1위인 응우옌 푸 쫑(Nguyễn Phú Trọng) 공산당 서기장이 베트남 공산당 서기장으로는 처음 미국을 방문했다. 오바마 대통령은 백악관 집무실로 쫑 서기장을 초청하는 파격적인 의전으로 예우했다. 오바마 대통령은 "양국의 힘들었던 역사가 경제 · 안보 면에서 건설적인 관계로 변하고 있다."라고 인사를 했고, 쫑 서기장은 "우리에게 가장 중요한 것은 적에서 친구로 변했다는 사실"이라고 화답했다.

워싱턴 포스트지는 "오바마 대통령이 사이공 함락 40년 만에 역사적으로 힘들었던 베트남과의 관계를 전략적 동반자관계로 바꾸려 하고 있다며, 이는 다름 아닌 중국을 겨냥한 조치"라고 분석했다. 회담 이후 오바마 대통령은 2015년 연내에 베트남을 방문할 것을 약속했고 실제로 그 약속은 이루어졌다.

미국과 중국은 베트남을 상대로 치열한 외교전을 벌이고 있다. 미국은 중국과 영유권 분쟁을 벌이는 중국 주변국과 과거 적대국인 베트남을 자기 편으로 끌어들여 중국을 포위하려 하고 있다. 베트남과 중국 관계는 과거부터 지금까지 명암의 모습이 존재하고 있다. 예전 중국 봉건 왕조들은 베트남을 오랜 기간에 걸쳐 셀 수 없을 정도로 자주 침략했다.

권력과 세계 통치에 대한 야망은 중국 권력층의 정치 문화이자 전통이었다. '안에서는 왕, 밖에서는 장군'이라는 유가 사상과 법가의 경영철학 "법-전술-자세"에 따르면, 중국 지도층들은 항상 천하의 주인이 되고 싶어했다. 1939년 『중국혁명과 중국 공산당』이라는 책에서, 마오쩌둥은 서양 국가들이 침략한 동남아 국가들의 영토는 오래전부터 중국의 영토라고 했다.

베트남이 프랑스, 미국과의 잔혹한 전쟁에 모든 힘을 쏟아부었을 때, 중국 지도층은 한편으로는 베트남을 지지하면서도, 다른 한편으로는 제네바 협정(1954년)에서 프랑스와 중국 편에 이익이 되는 협정을 맺었다. 중국은 미국과 은밀하게 협력하여 베트남을 영구 분단 시키려는 음모를 계획했었다. 하노이에 파견받은 소련 특명 대사 피 이 바투신(P.Ivatusin)은 1972년 5월 29일 소련 정치부, 공산당 중앙위원회에 보내는 '동양 문제와 우리의 임무 해결을 위한 베트남 노동당 정책'이라는 편지에서, 베트남 혁명에 대한 중국 지도층들의 비원칙적인 정책과 태도를 일갈했다.[13]

중국의 비열한 태도는 여기에서 그치지 않았다. 1956년과 1974년에 미국과의 전쟁을 치르느라 어려움을 겪고 있는 시기에 중국은 군대를 이끌어 베트남의 황사섬을 점령했다. 또 1988년 쯔엉 사(Trường Sa)섬을 공격하며 이 지역을 중국의 영토라고 주장했다.

2014년 5월, 중국은 베트남 영토에 침입하며, 베트남 국민의 분노를 일으켜 베트남뿐만 아니라 세계의 많은 국가로부터 비난을 받았다. 이때 베트남인들은 베트남에 있는 중국의 기업에 불을 지르고 사람을 죽이는 사태까지 나아갔다. 베트남 국가 수상은 전 국민에게 문자 메시지를 보냈는데 "우리는 결연하게 국제법에 따라 베트남의 주권과 영토를 보호할 것이다."라는 내용이었다.

이후에 국민의 분노가 극에 치달아 중국기업들에 대한 공격이 더심해지고, 외교적인 문제로까지 확대되며 전쟁의 위협까지 발생하자 수상은 다시 문자 메시지를 보내 과격한 행동의 자제를 요청했다.

이러한 상황에서 대중국을 향해 보여주는 통일 베트남의 자신감과 저항적 민족성, 그러면서도 파국을 원하지 않고 조정과 평화를 원하는 양면을 보게 된다.

1995년 베트남이 미국과의 외교관계를 정상화한 후부터, 양국 관계는 빠르게 발전해 왔다. 2013년 7월 25일, 쯔엉 떤 상(Trương Tấn Sang) 베트남 국가주석의 미국 공식 방문 시, 오바마 대통령은 양국 관계를 '포괄적 동반자 관계'로 격상시키고, 경제, 정치-외교, 군사, 문화-교육 등 많은 영역에서 양국 관계를 강화하기 위한 틀을 만들었다.

베트남은 미국 시장에 공산품, 해산물, 봉재, 신발 등의 상품을 공급하는 중요한 파트너가 되었고, 미국은 베트남에 현대 기술 장비(의료, 제조, 기계)와 투자 자본을 공급했다. 양국은 안전하고, 안정적이고 평화로운 환경을 보호하기 위해 국제 공법대로 각 국가의 영토 주권 보호 원칙에 전적으로 합의하며, 베트남에서의 민주, 종교 자유의 문제에 대하여 인식을 함께하기로 했다. 영토 문제에 대한 부분에서도 적극적으로 협력하기로 했다.

군사적으로는 미국 정부가 동해(남중국해)에서의 베트남 자주 국방력을 강화하기 위해 베트남이 미국 군사 장비 매입을 쉽게 할 수 있도록 했다. 미국 정부는 중국의 잠수함과 선박들을 감시할 수 있는 최신식 염탐 비행기 (P.3 Orion)도 공급했다. 또한, 베트남을 위해 대잠수함을 제조하는 기술을 전수하며, 베트남 영토에서 중국 원유선이 불법적으로 활동한 기간에 미국의 군함이 베트남 영해에 자주 출입을 함으로 중국을 견제했다.

2016년 기준으로 약 2만 5천여 명의 베트남 젊은이들이 미국의 교육기관에서 공부하고 있다. 세계 3위다. 그들은 아시아 태평양 시대에 새로운 통일 베트남을 이끌어 갈 세대들이다.

베트남은 모든 국가와 친선을 유지하되 어느 국가와도 동맹을 맺지 않는 정책을 쓰고 있다. 중국과 미국 사이에서 통일 베트남의 입지를 확장하고 있다. 베트남은 '산에 앉아 호랑이들의 싸움을 보는' 소극적인 대외 정책에 그치지 않고, 양국 간의 이익을 융화시키기 위해 노력하고 있다. 아시아 태평양 시대의 균형자 역할을 할 수 있다는 자신감이 있는 듯하다.

2014년 5월 22일, 중국과의 도서 분쟁에 관한 필리핀 신문 기자회견에서, 응우옌 떤 중 베트남 수상은 평화, 우호를 원하지만, 이는 신령한 민족, 자주, 주권과 영토에 대한 보전을 전제해야 한다고 말했다. 베트남은 이 신령한 가치를 그 무엇과도 바꾸지 않겠다고 결연한 의지를 피력했다.

아시아 태평양은 국제 정세에서 중요한 지역이 되었다. 베트남은 아시아 태평양 지역의 한 국가로서 책무를 다하고자 하는 의지와 자신감이 보인다. 국가의 안정과 영토 보전 및 국가 주권을 유지하기 위해 베트남은 통일을 이룬 힘을 바탕으로 합리적 정책으로, 아시아 태평양 지역에서 평화로운 환경을 만들고자 한다.

아시아 태평양 지역에서 만나는 미국과 중국, 그사이에 통일 베트남이 있다. 중국의 남진 정책에 통일 베트남이 버티고 있다. 통일 베트남은 아시아 태평양 지역에서 균형자 역할을 적극적으로 하겠다는 의지를 보인다. 중국에는 우회적으로 맞서며, 동남아시아와는 더욱 결속하고 미국과는 전략적 협력관계를 유지하는 베트남. 통일을 이루었기에 가능한 베트남의 자신감이 아닐까? 통일 베트남이 아시아 태평양 지역에서 미, 중 사이의 균형자 역할을 감당하듯, 통일 한국은 동북아 지역에서의 균형자 역할을 할 수 있을 것이다.

10.

호찌민과 통일

호찌민은 살아생전에 통일을 그토록 염원했다. 그러나 그는 통일을 보지 못하고 죽었다. 그런데 그의 죽음은 베트남 통일을 앞당겼다. 그의 죽음은 통일을 위한 한 알의 밀알이 되었다. 호찌민은 통일 베트남의 정신적 근간이다. 호찌민 사상은 통일 이후에도 베트남을 움직이고 있다.

베트남 호찌민시 인민위원회 앞 광장에 호찌민 동상이 있다. 이 호찌민 동상의 모습은 통일 이후 40년 동안 어린아이를 안고 앉아 있었다. 지난 2015년 5월 17일 호찌민이 일어섰다. 호찌민 탄생 125주년, 통일 40주년을 맞이하여 호찌민의 동상을 새로 제작하여 낙성식을 거행하였다. 청동으로 제작한 거대한 호찌민의 동상은 일어서서 손을 들고 있다. 통일 40년을 맞이한 베트남의 변화와 미래를 함의하고 있다.

1954년 베트남 분단 이후, 통일은 베트남 민족의 최고 가치였다. 1975년 통일 이후, 1986년 개혁개방을 표방하면서 베트남 민족의 가치는 '국가통합과 부국강병'으로 전환되었다. 통합은 오랜 시간이 필요한 과정이기에 전략적 접근이 필요했다.

통일 이후, 베트남은 다각도의 남북 통합정책을 펼쳤다. 이 통합정책은 문제점도 발생했지만 대체로 통일 베트남 체제의 안정과 발전에 긍정적으로 작동했다고 평가할 수 있다. 통일 베트남은 '남북은 한 집', '한 줄기 강', '조국은 하나다'라는 기치 아래 대내외적으로 자신감을 가지고 안정적으로 발전하고 있기 때문이다. 그러나 대부분 한국의 보수적 성향 학자들은 '북화'라는 관점에서 부정적으로 평가한다.

어느 나라든지 체제 전환의 재편과정에서 일정 기간 혼란이 있었다. 베트남에도 통일 이후, 사상 통일과 계획경제를 시행하는 10년 동안 어려움이 있었다. 그러나 개혁개방 이후 베트남은 정치, 사회적으로 안정되고, 경제도 지속해서 성장하고 있다.

그렇다면 통일 베트남을 움직이는 힘은 무엇인가? 호찌민은 통일 베트남이 안정적으로 발전하는데, 없어서는 안 될 인물이었다. 베트남은 호찌민이라는 한 인간을 근간으로 정서와 사상을 통합해 갔으며, 국가를 결속시켰다. 나아가 대외적으로 호찌민을 내세워 국가 이미지를 높였다. 그의 몸은 죽었으나 그의 정신은 아직도 살아서 통일 베트남을 움직이는 힘으로 작동하고 있다.

통일 전 : 1968년 구정 대공세와 호찌민의 사망

1968년 발생한 '구정 대공세'(Mậu thân 1968 cuộc đối chiến, cuộc tổng công kích 1968)는 베트남 통일을 이룬 결정적 사건이라고 평가할 수 있다. '구정 대공세'는 1968년 음력 설날(Tết, 뗏)을 맞이하여 북베트남(월맹: 越盟 또는 북월: 北越)이 남베트남군과 미군이 휴식을 취하고 있는 틈을 타 기습 총공격을 감행한 사건이다. 영어로는 Tet Offensive(테트 공격)로 표현해 왔다.

구정 대공세는 1968년 1월 30일 밤부터 북베트남군과 남베트남 민족해방전선(베트콩)이 철두철미하게 준비해 미군의 주요 기지와 남베트남 주요 도시와 공항들을 공격하여 점령한 사건이다. 초기에는 계획대로 실행되었으나 미군의 반격으로 이 공격은 실패로 끝났다. 북베트남군과 민족해방전선의 희생은 컸다. 전투에 참여한 8만 4천 명의 병사 중 4만 5천 명의 사상자가 발생한 엄청난 피해였다.

그러나 이 대공세가 국제 사회에 베트남 전쟁을 알리는 기회가 되면서 반전 여론이 형성되었고, 북베트남에 전략적 승리를 가져다주었다. 결국 구정 대공세는 미군이 철수하게 되는 단초가 되었고, 베트남 전쟁에서 북베트남이 승리하는 결정적 사건이 되었다.

구정 대공세는 이러한 의미가 있는 사건임에도 불구하고 아쉬움을 남긴다. 그것은 대규모 인민의 희생과 호찌민의 사망이 있었다는 것이다. 구정 대공세 실패 후, 호찌민은 인민의 희생에 대한 상처와 가슴앓이로 이듬해 심장병으로 사망하게 된다. 베트남의 통일은 구정 대공세로 인한 수많은 베트남 인민들의 희생과 호찌민의 죽음으로 이루어진 가치라고 해도 과언이 아닐 것이다.

1968년 대공세가 끝나고 호찌민은 1969년 9월 2일 사망했다. 이 날은 1945년 9월 2일 호찌민이 베트남의 독립을 선포하고 베트남 민주 공화국을 세운 날이었다. 호찌민은 통일을 보지 못하고 사망했다. 그러나 전쟁 중에 들린 호찌민의 사망 소식은 북베트남 인민들을 더 결속하게 했고, 남베트남 인민들까지 동조하게 만든 역설적 사건이 되었다. 따라서 1968년 구정 대공세와 1969년 호찌민의 죽음은 통일의 완성 길로 접어드는 반전의 역사가 되었다.

통일 후 : 호찌민 사상 강조

베트남 통일 이후 통합 과정에서 통일 정부의 가장 큰 난제는 남북의 이질성을 극복하는 것이었다. 베트남은 전통적으로 남북 간에 문화적 이질성이 있었는데, 분단으로 인해 사상적 이질성이 더해졌다. 더욱이 베트남은 54개의 종족으로 이루어진 다민족 사회였다. 종족마다 자기 언어와 전통 신앙이 있었다. 이러한 다양성의 문제들은 통일 정부의 골칫거리였다. '조국은 하나다.'라는 기치 아래 이루어 나가는 통합 과정을 더욱 어렵게 만들었다.

이에 통일 정부에서 사상 통합을 위해 사용한 주요한 정책이 '호찌민 사상 부각' 정책이었다. 다양한 사상적 문제들을 호찌민 사상으로 통합해 나갔다. 이 방법이 성공적으로 진행됨에 따라 베트남은 남북의 단합된 민족공동체적인 힘을 발휘하면서 세계무대에서 그 존재감을 드러내며, 현재의 통합된 모습, 급속하게 발전하는 베트남이 존재하게 되었다.

통일 베트남 정부는 호찌민을 인민들과 동떨어진 강력한 통치자, 장군, 군주로 인식시키지 않았다. 인민들을 위한, 인민들 가까이 있는 '아저씨'의 이미지로 인식하게 했다. 그래서 지금도 베트남 국민은 그를 '호 아저씨(Bác Hồ: 박호)'라고 부르며 친근하게 여긴다. 그의 초상과 동상에도 '호 아저씨'라고 적혀있다. 오늘날 호찌민은 베트남 국민에게 국부로, 영웅으로 인식되고 있다. 베트남은 호찌민의 나라라고 해도 과언이 아닐 것이다.

2007년, WTO 가입 이후 외국자본과 함께 외국 사상 문화가 본격적으로 들어오자 호찌민의 사상을 더욱 강조하고 있다. 이미 2007년에 국회 내 호찌민 사상 보존 연구위원회를 두었고, 초·중·고·대학교와 관공서 그리고 각 도시의 중앙대로에 다음과 같은 입간판 문구를 흔하게 볼 수 있다. "Học tập và làm theo tấm gương đạo đức Bác Hồ (호찌민 아저씨의 도덕적 모범을 따라 학습하고 일하자)". 또한 남베트남의 대통령궁이었던 통일 궁 앞으로 뻗어있는 레 쥬안(Lê Duẩn) 대로와 같은 주요 장소 곳곳에는 다음의 입간판이 있다. "Tư tưởng Hồ Chí Minh là tài sản tinh thần to lớn của Đảng và dân tộc của ta. (호찌민의 사상은 당과 민족의 거대한 정신적 자산이다.)".

호찌민 사상은 베트남 민족의 심층적 작동원리인 애국주의 그리고 영웅주의와도 절묘하게 맞물리는 부분이다. '호찌민 사상 부각' 정책은 1975년 통일 이후 국민 통합 과정에서 성공한 사상 통합정책으로 평가되고 있다. 호찌민 사상은 통일 베트남을 움직이는 힘으로 여전히 강하게 작동하고 있다.

일어선 호찌민 동상

호찌민시의 심장부는 호찌민시 인민위원회(시청) 앞 광장이라고 할 수 있다. 통일 이후 사이공을 호찌민으로 개명하면서 호찌민시 인민위원회 앞 광장에 호찌민 동상을 세웠다. 이 호찌민 동상은 호찌민시를 방문하는 관광객들이 인증사진을 찍는 장소로도 유명하며, 호찌민시의 상징이기도 했다.

1975년 통일 이후 40년 동안 있었던 이 호찌민의 동상은 어린아이를 안고 앉은 자세의 작은 동상이었다. 동상에는 호찌민 아저씨라고 쓰여 있었으며, 동상의 이미지가 인자하고, 소박하여 친근감을 주었다. 그래서 많은 사람으로부터 사랑받았던 동상이었다.

그런데 2015년 5월 17일, 통일 40주년과 호찌민 탄생 125년을 기념하여 새로운 동상으로 교체하는 낙성식을 권력 서열 1위인 응우옌 푸 쫑 (Nguyễn Phú Trọng) 당 서기장이 참석하여 진행하였다. 그런데 새로운 동상은 이전과는 다른 모습이었다. 높이가 7.2 미터나 되며 앉아 있는 모습이 아니라 일어서 있는 호찌민의 모습으로 바뀌었다. 어린아이를 안고 있던 호찌민이 일어서서 치하하고 지휘하는 듯이 손을 들고 있다. 어떤 사람은 지지자들에게 인사하는 모습이라고 말하기도 한다. 그리고 이 새로운 동상에는 호찌민 아저씨가 아니라 호찌민 주석이라고 쓰여있다.

호찌민의 동상 바로 뒤에는 프랑스 식민지 시대의 프랑스 건축 양식으로 지어진 114년 된 호찌민시 인민위원회 청사가 있다. 최근에 대대적인 리모델링을 하고 건축 조명등을 교체하여 무척이나 아름다운 야경을 보여주기도 한다.

호찌민 동상의 왼쪽에는 베트남 전쟁 당시 미군 장교 클럽으로 사용했던 5성급 렉스(Rex)호텔이 자리 잡고 있다. 오른쪽에는 베트남 최대 그룹인 빈(Vin) 그룹이 운영하는 명품 대형 쇼핑몰이 있다. 세 건물이 모두 파스텔 색조로 동상의 주변을 아름답게 만들고 있다.

동상 정면으로는 사이공 강까지 약 800미터 펼쳐진 넓은 광장이 있다. 지난 2015년 통일 40주년을 기념하여 이 광장을 화강암으로 단장하고 차량이 다니지 않는 도로로 조성했다. 저녁이면 많은 사람이 붐비는 명소가 되었다. 그리고 지하로는 곧 개통될 지하철역과 상가가 건축 중이다.

이 광장의 끝에는 사이공강이 흐르는데 태평양과 연결되어 있고, 수심이 깊어 바닷길로만 다닐 수 있는 대형 컨테이너선이 수시로 드나들고 있다.

이처럼 호찌민 동상 주변의 모습은 베트남 근, 현대사를 아우르는 역사의 흔적으로 구성되어 있다. 18세기의 용맹했던 걸출한 민족 영웅 응우옌 후에(Nguyễn Huệ) 황제 시대를 기념하는 응우옌 후에 광장, 19세기 프랑스 식민지 시대의 대표적 건물인 호찌민시 인민위원회 청사, 20세기 미국과의 전쟁 시대의 상징인 미군 장교 클럽 렉스 호텔, 개혁개방 시대와 아시아 태평양 시대의 표상인 빈그룹 복합쇼핑센터와 사이공강.

새로운 호찌민의 동상이 예사롭지 않다. 2015년, 통일 40년을 맞이하여 미국과 중국 사이에서 베트남의 가치를 마음껏 올리며, 아시아 태평양 시대에 두각을 드러낼 베트남. 2015년, 통일 40주년 기념행사를 성대하게 진행하며, 미국과 베트남 정상회담, 외무장관, 국방장관 회담을 통해 미국과 베트남 간 안보협력 강화를 맺었고, CPTPP(환태평양경제동반자협정)에 가입하여 최종적인 협정을 체결했다. 그리고 그해 12월에 아세안 경제공동체가 출범했다. 통일 베트남의 활약이 눈부시다.

2015년 10월 6일 자 베트남 최대 일간지 뚜오이 쩨(Tuổi Trẻ) 1면에는 "베트남 새로운 장으로 들어서다."라는 제목으로 CPTPP 협정 체결에 관한 기사를 실었다. 4~5면에 사회 각 분야의 전문가 의견이 실렸는데 몇 가지 소제목을 소개하면 다음과 같다.

> "세계의 표준으로"
> "아시아를 위한 큰 이익"
> "강력한 발전으로 변화하기 위한 기회"
> "중국으로부터 베트남으로 이전"

통일 베트남의 소신 있는 행동, 발전과 변화, 더 넓은 세계에로의 진출, 이 모든 이면에 통일 베트남의 자신감과 호찌민의 정신이 있다. 호찌민은 철저하게 베트남인의 신발을 신고 행동했으며, 베트남인의 안경을 끼고 세계를 바라보며 사고한 인물이었다.

통일을 살아가는 베트남, 호찌민이 있는 베트남이 부럽다. 모든 과거의 역사를 뒤로하고, 아우르며, 미래를 향해 다시 일어서서 넓은 세계로 뻗어가는 통일 베트남의 모습이 멋있다. 통일 베트남의 활약상을 보며, 조국 대한민국의 모습을 돌아보게 된다. 다시 한번 한반도의 통일을 염원한다.

에필로그 : 공존의 상상력

관찰과 성찰 그리고 통찰은 이 글을 쓰기 시작할 때의 방향성이었다. 베트남적 현상과 가치를 관찰하고, 이 관찰을 통해 우리의 잘못된 우월감과 편견 그리고 가치 판단을 성찰하고 싶었다. 이 과정을 통해 베트남적 현상과 가치의 연원을 알고 베트남을 제대로 이해하고 싶었다. 그러나 쓰고 보니 더 탐구하고 성찰해야겠다는 과제만 남는다.

인간 사유의 지평이 확장되는 기본 방법이 비교와 대조다. 같음에서 다름을, 다름에서 같음을 보려고 했다. 이 과정을 통해 베트남을 더 깊게 이해하려고 했다. 그리고 이 책을 통해 베트남에 대한 연대와 공감의 정서를 표현하고자 했으나 사유와 언어 그리고 글쓰기의 한계를 느낀다.

한국의 짧고 가느다란 쇠젓가락과 베트남의 길고 뭉텅한 나무젓가락, 서로에게 동경의 대상이 될 수도 있고, 불편한 대상이 될 수도 있다. 공존의 상상력은 다른 것을 다른 것으로 인식하고 수용하는 공감을 전제로 한다. 공감과 공존은 지속적 상호 번영의 필수 조건이다. 상생을 위한 공존을 위해서는 이질성과 차이점을 우월하거나 열등한 것으로 인식하지 않고, 그저 다르다고 생각하는 배려와 유연성이 필요하다. 한국과 베트남이 많은 부분에서 문화의 유사점을 가지고 있다. 유사점 속에서의 차이점이 있다는 것은 서로를 동일시하여 더 친밀해질 수 있는 조건을 갖춘 동시에 서로의 필요한 부분을 채워주는 공존의 관계가 될 수 있다.

공존의 상상력을 꿈꾸며.

제1부 베트남은 어떤 나라인가?

1. 이윤기, 「삼각함수」, 『노래의 날개』, 민음사, 2003, pp. 167~189참고.

2. Masanobu Tsuji, trans.by M. E. Lake, 『Singapore : The Japanese Version (일본의 시각으로 본 싱가포르)』, London, 1962, p. 306

3. 다니엘 에므리, 성기완 옮김, 「호치민-혁명과 애국의 길에서」『시공 디스커버리 총서』, ㈜ 시공사, 2005, pp. 155~156.

4. 윤대영, 「19세기 후반~20세기 초, 한국의 베트남 재인식 과정과 그 성격」, 『동양사학연구』제112집(2010.9), p. 192.

5. Phan Huy Lê, 「Hoàng tử Lý Long Tường và dòng họ Lý Hoa Sơn, gốc Việt ở Hàn Quốc (이용상 왕자와 한국의 화산이씨)」, 『Kỷ yếu hội thảo khoa học quốc tế Việt-Hàn 2012』, HUFLIT, pp. 7~14 참고.

6. 박희병, 「조선 후기 지식인과 베트남」, 『한국문화』47(2009), p. 164 참고.

7. 최병욱, 「이수광의 베트남 1597~1598」, 『동남아시아연구』19권 3호(2009), pp. 31~55 참고.

8. 최귀묵, 『베트남 문학의 이해』, 창비, 2016, pp. 197~198 재인용.

9. 박희병(2009), 173~174 참고.

10. 양계초 편저, 안명철 · 송엽휘 역주, 『월남망국사』, 태학사, 2007, p. 153 참고.

11. 윤대영, 「김영건의 베트남 연구 그 동인과 성격」, 『동남아시아연구』19권 3호(2009), pp. 57~100 참고.

12. Walter La Feber, 「Roosevelt, Churchill, and Indochina: 1942~45」, 『The American Historical Review』Vol. 80, No. 5 (Dec., 1975), pp. 1277-1295 (19 pages), 1283.

13. 위의 책.

14. 유인선, 『베트남과 그 이웃 중국』, 창비, 2012, p. 359, 368 참고.

15. Prince Norodom Sihanouk(translated by Mary Feeney), 『War and hope: the

case for Cambodia』, New York: Pantheon Books, 1980, p. 18 참고하여 재작성.

16. 데이비드 핼버스탬, 송정은 · 황지현 옮김, 『최고의 인재들』, 글항아리, 2014, p. 154~156 참고.

17. 이영희, 『베트남 전쟁』, 두레, 1994, p. 39.

18. 데이비드 핼버스탬(2014), p. 222.

19. 위의 책, p. 294.

20. 위의 책, p. 311.

21. 위의 책, p. 312.

22. 위의 책, p. 313.

23. 위의 책, p. 314

24. 위의 책, p. 319.

25. Kim Định, 『Nguồn gốc Văn hóa Việt Nam(theo bản in của NXB Nguồn Sáng - 1973) (베트남 문화의 근원: 1973년 응우온 상(Nguồn Sáng) 출판사의 버전)』, NXB Hội Nhà Văn, 2017, pp. 5~20과 『Tinh Hoa Ngū Điển (오경의 정수)』, NXB Hội Nhà Văn, 2018. 참고.

26. 손영식, 「것의 부정과 세계의 중심: 정재현 교수의 비판에 답함」, 『철학사상』 no. 26(2007), pp. 173~209 참고.

27. Nguyễn Đình Đầu, 『Việt Nam−Quốc hiệu & cương vực qua các thời đại (베트남 - 각 시대의 국호와 지역)』, NXB Trẻ, 2005, p. 98의 국호-수도-인구 도표 참고.

28. Thu Hiền, 『Những người phụ nữ nổi tiếng trong lịch sử Việt Nam (베트남 역사의 유명한 여성들)』, NXB Văn Hóa Thông Tin. 2014. p. 7, 16 참고.

29. 위의 책, pp. 211~212.

30. Phan Ngọc, 「Bản sắc văn hóa Việt Nam (베트남 문화의 본질)」, 『Văn hóa Việt Nam−đặc trưng và cách tiếp cận (베트남 문화-특징과 접근 방법)』, NXB Ban giáo dục, 2001, p. 61.

31. 1942년 쟈딘(Gia Dịnh)에서 출생했으며, 17세부터 독립 · 해방 전쟁에 참여하여 큰 공을 세웠다.

32. 1380~1442. 레 러이와 함께 명의 지배에 대항해서 싸운 뛰어난 정치가이자 전략가, 사상가, 외교가, 시인, 지리학자, 음악가였다. 베트남의 국민 시인으로 추앙받고 있으며 대명 투쟁 당시 레 러이의 문장을 모두 대신 썼다고 한다. 1428년 명에게 승

리했을 때 '빈 응오 다이 까오'(Bình Ngô đại cáo)를 썼다. (오구라 사다오, 한 권으로 읽는 베트남사, 일빛, 1999, p. 265).

33. Phan Ngọc (2001), p. 42.

34. Trần Văn Giàu, 「Chủ nghĩa yêu nước−nét đậm đà trong văn hóa Việt Nam (애국주의−베트남 문화 속에 선명한 틀)」, 『Văn hóa Việt Nam−đặc trưng và cách tiếp cận (베트남 문화−특징과 접근 방법)』, NXB Giáo Dục, 2001, p.41.

35. 「5 Năm nữa nhà thờ Đức Bà mới hoàn thành trùng tu (성모마리아 대성당이 완전히 복원되려면 5년 더 걸린다)」, 『VNEXPRESS』, 2022.8.4. 참고.

36. Lê Hương, 『Sử liệu Phù Nam (푸남 사료)』, NXB Nguyên Nhiều, 1974, pp. 7~8 참고.

37. 위의 책, p. 81.

38. Everett Ferguson, Michael P. McHugh, Frederick W. Norris, 『Encyclopedia of Early Christianity』 1권, Taylor & Francis, 「Nestorian, Asia, East」, 1998, p. 1213 참고.

39. Ian Glover. 「Early trade between India and Southeast Asia: A link in a world trading system」, Center for Southeast Asian Studies. University of Hull. 1989.

40. 유인선, 『베트남의 역사』, 이산, 2006, p. 52 참고.

41. 국회 법사위원회는 수도 관리법에 관한 일부 규정 실현을 위한 실사 결과 보고서를 제14대 국회 6차 회의에 보냈다. 이 보고서에 하노이 인구를 2020년에 730만 에서 790만을 예상하고 도시 계획을 했는데 2017년의 정부 보고서에 의하면 하노이 인구가 960만 명을 넘어섰다. 매년 평균 3%씩 증가하면 2020년에는 하노이 인구가 1,050만 명에 이를 것으로 예측한다. 「Dân số Hà Nội năm 2020 bằng dự báo cho 30 năm sau(2020년 하노이 인구는 30년 후 예측치와 같다)」), News.zing, 2018. 10. 27.

42. 다니엘 에므리(2005), p. 162 참고.

제2부 베트남 사람, 왜 그렇게 행동하는가?

1. Trần Thế Pháp, 『Lĩnh Nam chích quái (베트남의 기이한 이야기)』, NXB Bản Kim Đồng, 2021, pp. 6~18 참고.

2. 위의 책, pp. 24~34 참고.

3. 「Thêm nhận thức về 6 chữ 'Độc lập – Tự do – Hạnh phúc' trong quốc hiệu Việt Nam (베트남 국명의 '독립-자유-행복' 여섯 글자에 대한 인식)」, Báo Tuổi Trẻ, 2020.9.2.

4. Geert Hofstede, 차재호 · 나은영 역, 『세계의 문화와 조직』, , 학지사, 1995, 2장 권력거리 참조.

5. Nguyễn Thế Long, 『Bang giao Đại Việt – Tập 1: Triều Ngô, Đinh, Tiền Lê– Lý (대월 방교: 1권 응오, 딘, 전 레, 리)』, NXB: Văn Hóa Thông Tin, 2006, p. 11.

6. Phan Huy Lê, 『Tìm về cội nguồn tập 1 (근원 찾기)』, NXB Thế Giới, 1998, p. 495.

제3부 베트남이 한국과 닮았다고?

1. 이미선, 「동아시아 경제 통합과 공존의 상상력-한국 소설에 나타난 베트남 인식을 중심으로」, 『베트남과 동아시아 지역의 통합』, 호찌민국가인문사회과학대학교와 연세대학교 공동 주최 국제학술대회 자료집, 2004 참고.

2. 제니퍼 올드스톤무어, 신정근 옮김, 『유교-동아시아 문화의 열쇠』, 유토피아, 2007, 표지 글.

3. Nguyễn Tài Thư, 「Mấy đặc trưng cơ bản của nho giáo ở Việt Nam (베트남 유교의 기본적인 몇 가지 특징)」, 『유학연구』, 충남대학교 유학연구소 논문집 제21집, 2010년 4월, p. 325.

4. 최병욱, 『베트남 근현대사』, 창비, 2008, pp. 46~50 참고.

5. Lê Thái Dũng, 「Vì sao vua Minh Mạng ban lệnh cấm phụ nữ mặc váy? (민망 왕은 왜 여성이 치마 입는 것을 금하는 명령을 내렸는가?)」, 『Báo Phụ nữ』 , 2015.9.18.

6. Phan Ngọc Liên, 『Giáo dục và thi cử Việt Nam trước cách mạng tháng tám 1945 (베트남의 교육과 시험, 1945년 8월 혁명 이전)』, NXB Từ Điển Bách Khoa, 2006, pp. 114~117.

7. 최덕경, 「동아시아 젓갈의 출현과 베트남의 느억 맘」, 『베-한 국제학술대회 자료집』, 호찌민외국어정보대학교, 2012, pp. 72~78 참고.

8. Trần Ngọc Thêm, 『Tìm về bản sắc văn hóa Việt Nam (베트남 문화 정체성에 대한 탐구)』, NXB Tổng Hợp TP. HCM, 2004, p. 249.

제4부 통일 베트남

1. 전경수 · 서병철, 『통일 사회의 재편과정』, 서울대학교 출판부, 1997, pp. 115~116.

2. Phạm Thế Hưng, 『Hiểu Biết Về Công Giáo ở Việt Nam (베트남 가톨릭의 이해)』, NXB Bản Tôn Giáo, 2005, pp. 352~353.

3. Trần Ngọc Thêm, 「Quá trình hòa nhập văn hóa ở Việt Nam trước và sau thống nhất đất nước 1975 (1975년 통일 전후 베트남의 문화 통합 과정)」, 『Những vấn đề văn hóa học lý luận và ứng dụng (문화학 이론과 응용에 관한 몇 가지 문제)』, NXB Văn Hóa–Văn Nghệ, 2013, pp. 303~304.

4. Phạm Thế Hưng(2005), pp. 364~365.

5. Yoon Han Yeol, 「Quá trình hòa nhập văn hóa ở Việt Nam–Bài học kinh nghiệm cho tương lai Korea (베트남의 문화 통합 과정-한반도 미래에 주는 시사점)」, Luận văn Thạc sĩ của Trường đại học khoa học xã hội và nhân văn, Đại học quốc gia thành phố Hồ chí minh (호찌민국가인문사회과학대학교 석사 논문), 2008, p. 35.

6. Theo Thời Báo Quốc tế, số 7~8, tháng 5.2000.

7. Vu, Tu Lap & Taillard, Christian, Atlas du Viêt–nam. Montpellier/Paris, RECLUS/La Documentation Française, 1993, pp. 132~133.

8. 「베트남 FMCG 시장 들여다보기」, 칸타월드패널, 2017.06.11.

9. 「Vietnam-Profit remittances on FDI」, tradingeconomics.com (2018.11.23. 접속).

10. Thạch Phương – Lê Trung Hoa(cb), 『Từ điển thành phố Sài gòn – Hồ Chí Minh (사이공 – 호찌민시 사전)』, NXB Trẻ, 2001, p. 123, 395.

11. Báo Tuổi Trẻ, ngày 25.06.2008.

12. 김영호, 「한국의 동북아 전략과 동북아 외교」, 한국 통일연구원(KINU)의 지도자 · 학자와 호찌민국가인문사회과학대학교 학자 간의 좌담회 자료집, 2014.12.25.

13. Trung tâm Lưu giữ tài liệu hiện đại, Phó tổng thống Liên bang Nga (러시아 연방 대통령궁 현대 기록 보관소), Tài liệu số 10, pp. 1~19.

〈 참고 문헌 〉

한국어

1. Geert Hofstede, 차재호 · 나은영 옮김, 『세계의 문화와 조직』, 학지사, 1995.

2. 김영호, 「한국의 동북아 전략과 동북아 외교」, 한국 통일연구원(KINU)의 지도자 · 학자와 호찌민국가인문사회과학대학교 학자의 좌담회 자료집, 2014.

3. 노스코트 파킨슨, 안정효 옮김, 『동양과 서양』, 김영사, 2011.

4. 다니엘 에므리, 성기완 옮김, 「호치민-혁명과 애국의 길에서」, 『시공 디스커버리총서』, ㈜ 시공사, 2005.

5. 더글라스 파이크, 녹두편집부 옮김, 『베트남 공산주의 운동사』, 녹두, 1985.

6. 데이비드 핼버스탬, 송정은 · 황지현 옮김, 『최고의 인재들』, 글항아리, 2014.

7. 마이클 매클리어, 유경찬 옮김, 『베트남 : 10,000일의 전쟁』, 2002.

8. 박희병, 「조선 후기 지식인과 베트남」, 『한국문화』 47, 2009.

9. 박희병, 『베트남의 신화와 전설』, 돌베게, 2000.

10. 손영식, 「것의 부정과 세계의 중심 : 정재현 교수의 비판에 답함」, 『철학사상』 no.26 (2007): 173~209.

11. 양계초 편저, 안명철 · 송엽휘 역주, 『월남망국사』, 태학사, 2007.

12. 오구라 사다오, 『한 권으로 읽는 베트남사』, 박경희 옮김, 일빛, 1999.

13. 유인선, 『베트남과 그 이웃 중국』, 창비, 2012.

14. 유인선, 『베트남의 역사』, 이산, 2006.

15. 윤대영, 「19세기 후반~20세기 초, 한국의 베트남 재인식 과정과 그 성격」, 『동양사학연구』 제112집(2010.9).

16. 윤대영, 「20세기 초 베트남 지식인들의 동아시아 인식」, 『동아 연구』 53집, 2007년 8월.

17. 윤대영, 「김영건의 베트남 연구 그 동인과 성격」, 『동남아시아 연구』 19권 3호 (2009) : 57~100.

18. 윤대영 · 응우옌 반 낌 · 응우옌 마인 중, 『1862~1945, 한국과 베트남의 조우』, 이매진, 2013.

19. 이미선, 「동아시아 경제 통합과 공존의 상상력-한국 소설에 나타난 베트남 인식을 중심으로」, 『베트남과 동아시아 지역의 통합』, 호찌민국가인문사회과학대학교와 연세대학교 공동 주최 국제학술대회 자료집, 2004.

20. 이영희, 『베트남 전쟁』, 두레, 1994.

21. 전경수, 『베트남 일기』, 통나무, 1997.

22. 전경수 · 서병철, 『통일 사회의 재편과정』, 서울대학교 출판부, 1997.

23. 제니퍼 올드스톤무어, 신정근 옮김, 『유교-동아시아 문화의 열쇠』, 유토피아, 2007.

24. 조영태, 『2020-2040 베트남의 정해진 미래』, 북스톤, 2020.

25. 찰스 펜, 『인간 호치민』, 이우회 옮김, 녹두, 1995.

26. 최귀묵, 『베트남 문학의 이해』, 창비, 2016.

27. 최덕경, 「동아시아 젓갈의 출현과 베트남의 느억 맘」, 『베트남과 한국 국제학술대회 자료집』, 호찌민외국어정보대학교, 2012.

28. 최병욱, 「이수광의 베트남, 1957~1958」, 『동남아시아연구』, 19권 3호(2009) : 31~35.

29. 최병욱, 『베트남 근현대사』, 창비, 2008.

영어 및 프랑스어

1. Everett Ferguson, Michael P. McHugh, Frederick W. Norris, 『Encyclopedia of Early Christianity』 1권, Taylor & Francis, "Nestorian, Asia, East", 1998.

2. Ian Glover. 「Early trade between India and Southeast Asia : A link in a world trading system」, Center for Southeast Asian Studies. University of Hull. 1989.

3. Masanobu Tsuji, trans.by M. E. Lake, 『Singapore : The Japanese Version』, London, 1962.

4. Prince Norodom Sihanouk(translated by Mary Feeney), 『War and hope : the case for Cambodia』, New York: Pantheon Books, 1980.

5. Vu, Tu Lap & Taillard, Christian, Atlas du Viêt-nam, Montpellier/Paris, RECLUS/La Documentation Française, 1993.

6. Walter La Feber, 「Roosevelt, Churchill, and Indochina: 1942~45」, 『The American Historical Review』 Vol. 80, No. 5 (Dec., 1975).

베트남어

1. Arnold Toynbee, 『A Study of History−Nghiên Cứu Một cách thức diễn giải』, Dịch: Tủ sách tham khảo cơ bản khoa học xã hội và nhân văn, NXB Thế Giới, 2002.

2. Bảo Ninh, 『Nỗi buồn chiến tranh (전쟁의 슬픔)』, NXB Trẻ, 2014.

3. Cao Xuân Hạo, 『Tiếng Việt Văn Việt Người Việt (베트남어, 베트남 문장, 베트남 사람)』, NXB Trẻ, 2019.

4. Khương Vũ Hạc, 『Hoàng thúc Lý Long Tường (황숙 이용상)』, NXB Chính Trị Quốc Gia, 2010.

5. 『Hiến Pháp − Nước cộng hòa xã hội chủ nghĩa Việt Nam Năm 1992 (헌법-1992년 베트남 사회주의 공화국)』, NXB Chính trị Quốc gia, 2006.

6. Kim Định, 『Nguồn gốc văn hóa Việt Nam (베트남 문화의 근원)』, NXB Hội Nhà Văn, 2017.

7. Kim Định, 『Tinh hoa Ngũ Điển (오경의 정수)』, NXB Hội Nhà Văn, 2018.

8. Lê Hương, 『Sử liệu Phù Nam (푸남 사료)』, NXB Nguyên Nhiều, 1974.

9. Lê Ngọc Trà (tập hợp và giới thiệu), 『Văn hóa Việt Nam−đặc trưng và cách tiếp cận (베트남 문화-특징과 접근 방법)』, NXB Ban Giáo Dục, 2001.

10. Mai Ngọc Chừ, 『Văn hóa Đông Nam Á (동남아 문화)』, NXB Đại Học Quốc Gia Hà Nội, 1999.

11. Nguyễn Đăng Duy, 『Văn hóa Việt Nam−đỉnh cao đại Việt (대월의 정점)』,

NXB Hà Nội, 2004.

12. 『Nếp sống tình cảm người Việt (베트남 사람의 정감 생활 양식)』, NXB Lao động, 2003.

13. Nguyễn Đình Đầu, 『Việt Nam-Quốc hiệu & cương vực qua các thời đại (베트남-각 시대의 국호와 지역)』, NXB Trẻ, 2005.

14. Nguyễn Ngọc San, 『Tìm hiểu tiếng Việt lịch sử (베트남어 역사 고찰)』, NXB Đại Học Sư Phạm, 2003.

15. Nguyễn Tài Thư, 「Mấy đặc trưng cơ bản của nho giáo ở Việt Nam (베트남 유교의 기본적인 몇 가지 특징)」, 『유학 연구』, 충남대학교 유학연구소 논문집 제21집.

16. Nguyễn Tấn Đắc, 『Văn hóa Đông Nam Á (동남아 문화)』, NXB Khoa Học Xã Hội, 2003.

17. Nguyễn Thế Long, 『Bang giao Đại Việt - Tập 1: Triều Ngô, Đinh, Tiền Lê-Lý (대월 방교 : 1권 응오, 딘, 전 레, 리)』, NXB: Văn Hóa Thông Tin, 2006.

18. Nhiều Tác Giả, 『Lịch sử Việt Nam-Tập Ⅰ (베트남 역사 1집)』, NXB Trẻ, 2005.

19. Nhiều Tác Giả, 『Mậu thân 1968-cuộc đối chiến lịch sử (1968년 무신 설날-역사적 대결)』, NXB Lao Động, 2007.

20. Phạm Đình Nhân, 『ALMANACH-Những sự kiện lịch sử Việt Nam (베트남의 역사적 사건들)』, NXB Văn Hóa Thông Tin, 2002.

21. Phạm Thế Hưng, 『Hiểu biết về công giáo ở Việt Nam (베트남의 가톨릭 이해)』, NXB Bản Tôn Giáo, 2005.

22. Phan Huy Lê, 「Hoàng Tử Lý Long Tường và dòng họ Lý Hoa Sơn, gốc Việt ở Hàn Quốc (이용상 왕자와 한국의 화산이씨)」, 『Hội thảo khoa học quốc tế Việt-Hàn 2012』, HUFLIT.

23. Phan Huy Lê, 『Tìm về cội nguồn tập 1(근원 찾기)』, NXB Thế Giới, 1998.

24. Phan Ngọc, 「Bản sắc văn hóa Việt Nam (베트남 문화의 본질)」, 『Văn hóa

Việt Nam–đặc trưng và cách tiếp cận (베트남 문화–특징과 접근 방법)』, NXB Ban Giáo Dục, 2001.

25. Thạch Phương – Lê Trung Hoa(cb), 『Từ điển thành phố Sài gòn – Hồ Chí Minh (사이공 – 호찌민시 사전)』, NXB Trẻ, 2001.

26. Theo Thời Báo Quốc tế, số 7~8, tháng 5.2000.

27. Thu Hiền, 『Những người phụ nữ nổi tiếng trong lịch sử Việt Nam (베트남 역사의 유명한 여성들)』, NXB Văn Hóa Thông Tin. 2014.

28. Trần Ngọc Thêm, 「Quá trình hòa nhập văn hóa ở Việt Nam trước và sau thống nhất đất nước 1975 (1975년 통일 전후 베트남의 문화 통합 과정)」, 『Những vấn đề văn hóa học lý luận và ứng dụng (문화학 이론과 응용에 관한 몇 가지 문제)』, NXB Văn Hóa–Văn Nghệ, 2013.

29. Trần Ngọc Thêm, 『Cơ sở văn hóa Việt Nam (베트남 문화 기초)』, NXB Giáo Dục, 1999.

30. Trần Ngọc Thêm, 『Tìm về bản sắc văn hóa Việt Nam (베트남 문화의 본질에 대한 탐구)』, NXB Tổng Hợp TP. HCM, 2004.

31. Trần Thế Pháp, 『Lĩnh Nam chích quái (베트남의 기이한 이야기)』, NXB Bản Kim Đồng, 2021.

32. Trung tâm Lưu giữ tài liệu hiện đại, Phó tổng thống Liên bang Nga, Tài liệu số 10.

33. Trương Hữu Quỳnh · Đinh Xuân Lâm · Lê Mậu Hân, Đại cương Lịch sử Việt Nam toàn tập (베트남 역사 개요)』, NXB Giáo Dục Việt Nam, 2014.

34. Yoon Han Yeol, 「Quá trình hòa nhập văn hóa ở Việt–Nam–Bài học kinh nghiệm cho tương lai Korea (베트남의 문화 통합 과정-한반도 미래에 주는 시사점)」, Luận văn thạc sĩ của trường đại học khoa học xã hội và nhân văn, Đại học quốc gia thành phố Hồ chí minh (호찌민국가인문사회과학대학교 석사 논문), 2008.

같은 베트남 다른 베트남

윤한열 지음

초판 1쇄 발행 | 2023년 01월 20일

발 행 인 | 전병철
책임 편집 | 전병철
발 행 처 | 세우미
등   록 | 476-54-00568
등 록 일 | 2021년 07월 26일
주   소 | 광명시 영당안로 13번길 20. 삼정타운 다4동 404호
이 메 일 | mentor1227@nate.com

ISBN   979-11-975427-8-7   03910